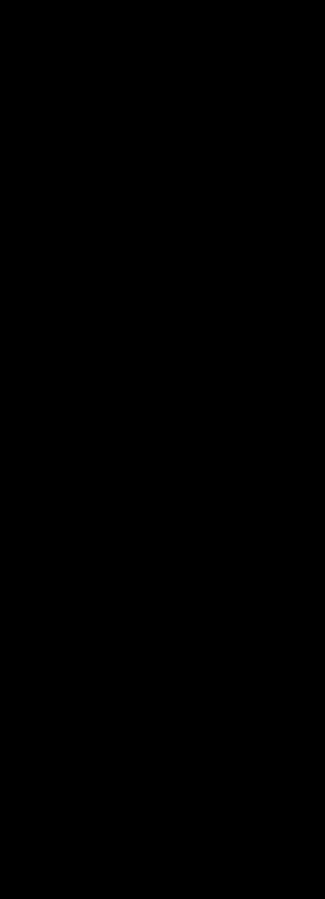

SV

fleurs – die Blumen, die Blüten, sie geben diesem Buch seinen Titel, lassen an Frühling denken, an laue Lüfte und flatternde Bänder. Doch wer sich auf diese Spur locken lässt, landet nicht auf der lieblichen Blumenwiese, sondern im steinigen und steilen Gelände: »agnus dei die Füszchen zusammengebunden, 1 Büschel weiszer Blumen im Mund«. Das ist der Mayröcker-Sound, wie er ein Dichterleben lang tönt – unsentimental, glasklar, nichts anderem verpflichtet als einer Poesie, die immer nur das Eine will: Bilder von bezwingender Kraft und Anschaulichkeit und eine Sprache, so frei, kühn und unverbraucht, als wäre sie für dieses eine Buch neu erfunden.
fleurs ist der letzte Teil von Friederike Mayröckers Trilogie, die mit *études* und *cahier* ihren Anfang nahm. *fleurs* ist Erinnerung und Bilanz, ist Protest und Beschwörung. Und hält fest, was am Ende als Einziges zählt und bleibt – das Ritual, die Lebensversicherung des Schreibens: »Einfach so hinsetzen an die Maschine am Morgen bei wölfischem Heulen, nicht wahr«.

Friederike Mayröcker wurde 1924 in Wien geboren. Seit 1956 veröffentlicht sie Gedichte, Prosa, Hörspiele und Kinderbücher. Für ihr Werk erhielt sie zahlreiche Preise, u.a. den Georg-Büchner-Preis (2001), den Hermann-Lenz-Preis (2009), den Peter-Huchel-Preis (2010) und den Bremer Literaturpreis 2011.

Friederike Mayröcker

fleurs

Suhrkamp

2. Auflage 2016

Erste Auflage 2016
© Suhrkamp Verlag Berlin 2016
Alle Rechte vorbehalten, insbesondere das der Übersetzung,
des öffentlichen Vortrags sowie der Übertragung durch Rundfunk
und Fernsehen, auch einzelner Teile. Kein Teil des Werkes darf
in irgendeiner Form (durch Fotografie, Mikrofilm oder andere Verfahren)
ohne schriftliche Genehmigung des Verlages reproduziert oder
unter Verwendung elektronischer Systeme verarbeitet, vervielfältigt
oder verbreitet werden.
Umschlaggestaltung: Hermann Michels und Regina Göllner
Druck: Pustet, Regensburg
Printed in Germany
ISBN 978-3-518-42520-6

fleurs

für Edith S.
solch Vortrefflichkeit dasz du's Fingerchen
mir demonstrierest wenn wir über die Gasse …

»pierre ist der Stein, und »was ich geschrieben habe habe ich geschrieben«, eines Regentropfen's Zöpfchen ja du liest richtig : »Zöpfchen«, von Firmament in deine offenen Arme liebster Freund, dieses Ästchen nämlich des Frühling's, biszchen Tau an den Tannen, Forst'ens Flüstern, bin aus allen Äthiopien-Wolken gefallen, Hauch des Morgens, indes, Ästchen am Firmament kratzend Veilchen Erinnerung, fruchtbaren Halbmond, Schmerz der nicht endet, ach Transparenz deiner Poren aber mit Händen voller Blumen. Nämlich die exzerpierten Absätze um 1 weniges ändern dasz man ihre Abkunft = ihr Original nicht mehr erkennen kann und Jean sagte, ich hatte den Drang abzumähen die Sträusze der Wiese, oder mich selbst zu verschlingen, weiszt du, in einer Ahnung von Zärtlichkeit ....«

24.3.14

»auf Kirschenboden / zu LECHZEN : Max Ernst's »la fête du mimosa« (mit Wurzeln im Mund) usw., jg.Katze in Goldlack-Garten, was da alles umherwimmelt : zerdrücke Ungeziefer an der Wand dasz 1 Blutstropfen, alles eher aufgebauscht .... exzellentes Abendrot / exaltierter Frühling diese 1 wenig Vorliebe für Diminutive (Ästchen Stimmchen Blättchen Väterchen) ist vielleicht Verlangen nach Welt-Zärtlichkeit, Anspruch auf Ähnlichkeit einer PUPPE mit einer wirklichen männlichen Person etc., der rosige Morgen nämlich, die ernsthaften Tiere, die Anatomie des Zimmers, etwa habe ich heute morgen deine mir so vertraute Stimme über die Wunderkammern gehört und sogleich die Tränen .... kollerten ach das Atmen der Worte : dein Stimmchen dein Geistlein sehr aus deinen Augen flieszend tropfend (zerrissenes Näglein Schneelocken-wärts) also werden wir einander bald wiedersehen im Café, habe gewildert im Internet = vergessene Gefühle etc., rufe dich am Morgen nicht an weil du da sinnest sinnierst ebenfalls ich selbst am Küchentisch sinnend sinnierend : und werde es nicht vergessen am Attersee damals als die AUFGESPANNTEN (Pflanzen) während Kind mit Ball und wir den Rosensteig abwärts zum spiegelnden Wasser oder wir uns immens verknallten, dem Stil der Sprache uns ergebend eine Verwunderung etwa. Ich war baff ich war ganz baff als du sagtest »wenn du dich mit ihm einläsztu muszt dich versichern dasz er nicht krank ist« = zerrann die Liebschaft hinter der weiszen Rose deines Ohr's (bin Kindchen von Jesus habe Federkleid) usw.«

26.3.14

»eben da ich. Meinen Finger auf den Knopf des CD-Players also Gupf der Bläue des Zenits wirst du zwischen Himmel und Erde (wer weisz), tippe ich – oh Veilchen der Seele (sag an!) : Halskettchen an deinem sausenden Nacken, Vielliebchen, du, ist Leben's Zeit meszbar sind Mond'es Fittiche untergetaucht. Mond'es Fittiche = Tränen im Azur, schreibe ich an dich, Holztreppe zur Balustrade wo die Wolke sich ans Fenster preszt usw., ach garçon : du Meeresspiegel (Z. verträgt Blumenduft sehr schlecht : eines Tages findet sie ihr Verlobter halb ohnmächtig und umgeben von stark riechenden Blumen während die Dornen also des Leib'es Schmerzen ……… diese Blumen hat W. morgens auf dem Blumenmarkt gekauft und an seine Brust gedrückt ehe er sie Z. zu Füszen nicht wahr) : nach Hugo v.Hofmannsthal's »Andreas«. 1 garçon 1 Morgenstrahl du hast mich nicht eingelassen, doch in der Dämmerung glitzerten deine Augen, bin 1 Schreiender, weiszt du, schreie in 1 Bouquet, leergefegte Amsel in NY usw., in unserem Garten in D. küszte ich die weiszen Lilien welche so hoch wie ich oder höher, reinen Herzen's dieser Katarakt v.weiszen Blüten in beseelter Ecke spürten wir alle = im Bauch des Berges = den Todeshauch. Während der abnehmende Mond über die Hügel glitt, damals in Bad Ischl. Du kennst mich besser als ich mich selbst kenne, die Verbrüsselungen z.B. die in Scharlach gekleideten Völker, dasz ich die Wörter neu erfinden könne. »Hören und Sehen auf Schneelosigkeit«, sage ich, »Figur und Schildkröte« von Andreas Grunert, »Wenn ich alt bin« Tusche auf Papier, deine Verheiszungen, sage ich, las dann dein Angesicht dieses im Wald zu lechzendes,«

29.3.14

»dieser Abend diese Blumen-Brosche des Lenz diese zerrissenen Näglein = Nelken mit den zerrissenen Blütenrändern dieses gelbe Licht beim Erwachen – und beim Erwachen die Erinnerung an jene Fotografie wo du aus halboffener Zimmertür GUCKST 1 wenig gebückt oder fraglich während der Wind <u>bläst durch das nur angelehnte</u> Fenster ach diese ahnende Erscheinung, da diese ahnende Erfahrung auflodert in mir, weiszt du nämlich Durst am Morgen zu stillen wollend. Abermals jenes Schneeglöckchen-Gefild in dessen Morgenlicht …….. hatte ich die Chiffonhose übergezogen hatte ich die Heizung eingeschaltet ich hatte keinerlei Erinnerung, die Physiotherapeutin schien gebettet in Moos schön gebettet Erich Fromm Tablette in Herzform = Concor 5 mg, <u>vor 14 Jahren hängt der April</u> ich meine seit 14 Jahren hängt der April des Kalenders 2000 an der Zimmerwand : es war 1 fluoreszierender April mit Oleanderblüten und Mohn, Zwillingskirschen wie Notenköpfe = »Musik« von Andreas Grunert, Tusche und Acryl auf Papier 66 × 46 cm, an einem blanken Tisch 2008 umschwirrt von Notenköpfchen, kollerten orangefarbene Tränen. Nun ja im Dämmerschlaf geliebte Groszmutter <u>mit wildem Kropf</u> usw., 1 Sausen 1 Samariter mit Haschisch = Halstuch im kl.Café während die holzgeschnitzte Wiege im Schlafzimmer der Eltern immer bereit für neuen DÄUMELING …….. wie bangt mir oft nach dir mein liebster Freund (da war doch etwas mit einem Regenschirm zu Füszen des Morzinplatzes?), <u>Religionen v.Schwalben auf Goldpapier</u>, usw. Ich meine man musz warten können bis es einschnappt, Schwäne v.Frühling,«

30.3.14

»forte am Morgen, saus' ich in dein Geblüt, stürzen die Beine. Da, auf diesem Foto war ich 2 Jahre jünger als jetzt indem ich Alexandra umarmte sah es aus als sei ihre schwarze Locke meine moustache, 1 Tag ohne dich bereitet mir Qual ich meine fleur oder Unverblümtheit Gürtel des Orion, diese vernichtenden Nächte so exaltiert dieser Frühling das Abendland .... schwanen-tüchtig o du mein Osterlamm, Goethe's Brosamen, blühender Kirschenzweig, Phantom oder Zeitungsfoto : wenn man es verkehrt herum betrachtet sieht man bengalischen Kopf oder Akelei usw., bist ja auch englisch, sage ich, »requiem for a pink moon« – mühte mich mit dem Büchlein bis ans Lebensende den kahlen verschwitzten Kopf umschlungen haltend (1 Bündel Spitzwegerich 1 Hund, kratzt an der Tür usw.), mein Fichtenbäumchen hat genadelt, sie stand mit einem blühenden Kirschenzweig vor der Tür (ich meine es tollte der Text usw.), gottbefohlen küszte er meine Füsze, im Galerien-Wäldchen, weiszt du, jetzt möchte ich lieber den ganzen Tag lesen statt schreiben, herbeigehuscht. »Inbrünstig Mützchen ade und dergleichen ....« (natürlich haben die Interpunktionen in Saus und Braus ihre Majestät, sage ich, es war so dasz ich im gröszten effort gewesen = mit Franz Liszt aus dem GRAMMO dasz mich jemand mit blühendem Kirschenzweig in der Hand sehr polyphon, ach und 1 wenig Veilchen,«

1.4.14

»bist Bäumchen weisz blühendes Bäumchen bist Kirschblütenzweig bist Fink bist 1.Schwalbe bei verhangenem Himmel bist Gedicht : Fusz und Hand des Gedichts bist Leib des Gedichts und Mund des Gedichts und was spricht der Mund des Gedichts und was enthüllt der Leib des Gedichts und wohin flieht der Fusz des Gedichts ....
<u>ach Schwäne des Himmels</u>«

2.4.14

»grasgrüne Luft es ist 1 Aufregung und jede Nachtstunde lese ich die Uhr ab, der Morgenhimmel ein lichtblaues Wasser, da fällt 1 Sperling vom Dach, bist 1 Fink(lein) bist 1.Schwalbe. Ach der Kirschblütenzweig den du mir geschenkt hast ist längst verblüht, hochtrabt der Berg und grüne Wipfel, um <u>15 Uhr duzen wir uns</u> …….. nur wenn du auf Trip bist scheinen dir meine Augen Vergiszmeinnicht-blau, <u>erwanderten</u> die Berge um den Gosausee, sagst du. Dein Doktorvater, sage ich, zur Firmungszeit ganz weisz die Stadt, rauchte er eine Pfeife und ich fragte ihn ob er glaube dasz wir einander noch 1× sehen würden? Er glaube es und es sei vor 20 Jahren gewesen, aber tatsächlich hatte ich ihn nie wieder gesehen, ganz weisz die Firmungszeit ganz weisz war die Stadt <u>ganz grün die Pfötchen der Stadt</u> usw. Wenn ich schläferte, heillos durchs Quartier, die SWATCH tickt noch immer an seinem Handgelenk in seinem Grab, wird nie enden : 1 schwermütiger Gedanke. Du liebes Lamm du verlassene Welt, bis zum Wahnsinn liebe ich dich …….. dieser unsägliche Ort das zarte Wallen des Fliederwäldchens (pustend von Frühsommer). Andreas Grunert's »Arbeiten auf Goldpapier« : »Hören und Sehen« 2007 Acryl auf Papier 70×100 cm : <u>nicht spucken nicht sputen nur Herzeleid</u>!, habe LÖFFEL anstatt OHREN verwendet, Goethe, hat in seinen Schriften oftmals die <u>Abkürzungen abgeküszt</u> usw. verwelkt im cahier und fummelnd, in Waldluft nämlich an der Tür zur Tapisserie hingen abwechselnd die Holztäfelchen »ouvert« und »fermé«. <u>Ach die Elster</u>! als der Wind blies! : was für 1 himmlisches Wort ……..«

8.4.14

»in der Tiefe des Herzens schalmeiend nämlich dieser Duft der Madonnenlilien in den Bahnhöfen des Landes (Bahnhofshalle v.Bregenz ich erinnere mich : 1 Strausz weiszer Lilien welche ihren innersten Duft ausstrahlend wie mit Flügelchen flatternd Duft-Flügelchen in einer Vase auf einer der Bänke der Bahnhofshalle v.Bregenz, ihren Duft im Wuchern einer Blumenwiese welche ich ans Herz usw., deine Füsze zu küssend welche wie weisze Lilien, drückend und weinend ans Herz) Mondrian's Tableau No. IV Rautenform mit rot blau gelb und schwarz nämlich pustend 1924/25 usw., Goethe hat auch abgeküszt Madonnenlilie = Paradiesvogel fliegt auch im Schlafe = nach naturkundlichen Erkenntnissen nicht zu akzeptieren, weiszt du, ich denke immerfort an dich und freue mich wenn wir uns im Café wiedersehen du bist der Allerliebste, im Lichte des aufgehenden Mondes circa 1805, du kannst die Welt nicht retten (»dufte!«) ich möchte mit Jean Paul spazierengehen .... das Rad war immer zwischen uns es trennte uns er schwang sich dann aufs Rad und er entschwand im Morgennebel, immer öfter von Verstorbenen träumen(d), am Morgen im Fenster 1 dunkelblaues Fahnentuch quer über den Himmel gespannt, nicht wahr, später 1 wenig, GELIEBTER v.Sonnenschein, in der »gloire« 1 Widerschein der Vergiszmeinnicht-Sträusze in deinen Augen, ach unerfindliche Wege : Goldspange der Verheiszungen, der geliebte Hase als Sternbild am Julihimmel, Gürtel des Orion, gottbefohlen die kl.pinkfarbene Gieszkanne in der Küche, möcht' ins schwindelige weiterdichten (als Clivia), dies im Walde z.B. lechzen .... dein Ohrläppchen, reinen Herzens dieser, Katarakt, von weiszen Blüten, in D. nämlich damals war ich so grosz wie die Madonnenlilien im Garten, in D. küszte ich in unserem Garten die weiszen Lilien sie waren so grosz wie ich, als die weisze LILIEN-TASSE zu Boden fiel und zersprang, zerscherbte Glocke, ich war baff ich war ganz baff dasz die weisze Lilie deines Ohr's,«

10.4.14

»dein Vorschlag, meine schmalen Schriften = diese halluzinatorischen Stücke von Poesie als »Kurzgeschichten« zu bezeichnen, nimmt mich wunder, ich halte mir die Hände vors Gesicht wie ich weine. In meinem Kämmerchen, SW-Seite, schiefer Maschinenschreibtisch, »hermes baby« zu Klaviermusik von Franz Liszt heilige Morgenstunde. Drauszen Frühling Ende März ich sehe dasz der Flieder sprieszt, manchmal schreibe ich von meinen Träumen ab, ich empfange Verbalträume. Ich sitze gebückt fast kniend (wie Glenn Gould beim rasenden Spiel), man musz warten können bis es einschnappt, ich brauche eine hohe Zimmertemperatur und elektrisches Licht auch wenn die Sonne hereinscheint. Es ist eine grosze Aufregung so dasz mein Blutdruckwert aufs höchste, etc. Bin sehr beherzt und danke dem heiligen Geist für seine Verheiszungen ……..«

neue Version am 13.4.14

»Sonatenklang da du mich herzest Geste der Glorie = gloire ich bin beim Schreiben hingerissen, Andreas Grunert hat so 1 Jenseitsbild gemalt und ihm den Titel WENN ICH ALT BIN gegeben, wenn ich alt bin sitze ich im Schatten eines Lorbeerbaums wenn ich alt bin musz ich lange weinen circa die Sonne aufgeht ich wunderte mich dasz ich so wenig Emmerich usw., wenn ich alt bin nämlich die Titten du sagst die Morgendepression eben Stirnlock' Geste der Glorie = ich will meine Seele tauchen, Liszt aus dem GRAMMO weiszt du, du bist kein böser Mensch und doch hattest du böse Gedanken wenn ich alt bin sitze ich in deinem Garten in welchem die Zedern Schatten geben, wenn ich alt bin : die Raben die zu dir rufen die deine Füsze tupfen, 's gibt Schnee wie Wolle, obwohl der Frühling eingezogen ist, ist in den Bergen Schnee gefallen. Wenn ich alt bin werde ich sitzen auf einem Bühel Schnee und meine Hände werden schmerzen meine Füsze schwellen, Hölderlin's Hymne an die Freiheit sage ich auf, während des Wanderns um den Bodensee .... ach die drinks! die 7 Schnauzen an der hohen Lampe

》lieber Herr Prof. im Geiste der Glorie = gloire, wünsche ich Ihnen 1 gesegnetes Osterfest und zärtliche Blumen, auf Ihrem Weg – seien Sie von Herzen gegrüszt und bedankt von Ihrer alten«

die Verschwendungsanstalt, ach das Weidenröslein die Taubnessel um an deiner Brust zu liegen : 1 Lettrismus .... als 1 Wiesenblum' das man nicht wiederfind't,

(damals in D. immer das WAGERLSITZEN)«

15.4.14

»diese Zeilen wenn sie so eng umschlungen : wenn sie so hingerissen wenn sie so angeflammt, AMOR und Lorelei ich bin bewegt lese dieses Kapitel über das Schreiben von Haiku …….. ach das Wundernehmen oder Wiedereinschlafen am Morgen, Ostermontag 2014 man hat sich die weiszen Haare einzeln ausgerissen. Je mühsamer ich mich <u>im Waldzustand</u> fortbewege desto BEHENDER = dahineilender meine Träume (in all meinen Zungen), bin (in meinen Alleen) ungeduldig geworden wo ich doch immer so geduldig gewesen wie Lamm, das Dahinsinken in den Schlaf, gegen 20 Uhr zeigte das Thermometer 37,3 Grad, im Mund usw., »Frosch in Landschaft« und loses Blatt = von Abendsonne beschienen : Andreas Grunert 2008 Tusche auf Papier : Geste der Glorie;

<u>die egale Welle und Loden</u>

wenn du auf TRIP bist wenn du mich herzest
                        <u>1 freak Schnee</u> = zu Ostern
                        fliegen die Glocken nach Rom um
                        zu beichten. Während ich warte dasz
                        ich an die Reihe komme höre ich die
                        GABELN NEBENAN : im Kämmerchen
                        nebenan
Fontana's Schlitze auf dem Papier dasz ich den Verstand (verliere) komm du Schwärmer tiefblaue Ondulation. <u>Blüht in Fürzen.</u> Orchideen des Himmels! ha! Gladiolen in einer Tram, wünsche mir Lesebändchen für nächstes Buch ……..«

21.4.14 Ostermontag

»und Wasserläufe's Geist wie schönes Band auch ribbon's Hand in Hand im blassen Firmament ich meine des Himmel's graues Aug' in welchem Regentränen, etwa. Die Prozession der Blumen …….. ach Dresden du geheimer Ort …….. ach des Verstummen's Sprache, figurierst dann mit der Maschine. Die egale Welle und Lorelei so umherirren den ganzen Morgen im Quartier, nach Stunden erst. Am Flusz die Ratte (herzige Malerei!)/er küszte ihr den brausenden Ringfinger während die Musik im Konzertsaal, dort wo sie WEILAND trug den goldenen Ring : was sie zu Tränen (rührte) …….. ich war baff ich war ganz baff habe Federkleid wie Junges von Kuckuck, hier der Tann (mit Lenchen) 1 freak 1 Schnee (gefallen) im zeitigen Mai also pustend, tastendes ALTES FLEISCH auf Untertasse im Kühlschrank : in allwissenden Farben. Jene Blüthenstaub-Notizen des Novalis, Hollein gestorben
ich bin beim Schreiben hingerissen, er küszte mich als wir noch saszen zum Abschied auf beide Wangen aber ich stand dann auf um ihn zu umarmen da er wegging, während er sprach blickte er mich nicht an sondern auf einen seitlichen etwa entzückten Punkt (nämlich voll Gebüsch usw.) vermutlich um sich in seinen Gedanken nicht abzulenken – ich liebte es wie er mit seinen Gedanken umging. Der Fetisch seines Fleisches nämlich in allumfassenden Farben umtastete mich während meine blauen Tintenfinger …….. in manchen Kreisen ich mir vorkomme als underdog, sage ich, umzitterte dein Haupt mit Würzelchen v.Rosen Syringen Veilchen Lilien, »halb Arrack, und

abends« = Jean Paul, sie hatten dir einen Fliederbusch gepflanzt vor dem Fenster, aber es sah nicht so aus dasz er vorhatte zu blühen, im 1.Jahr, auch nicht im 2. und ich frage mich warum das Bäumchen sich verweigerte (man kann nicht mehr das Wort STRAHLEN gebrauchen, so belastet ist es weil VERSTRAHLT usw. Dieses Feuerwerk der Sprache so hurtig im Mund während des Umrundens des Sees, sage ich, 9 Strophen der »Hymne an die Freiheit« aufgesagt / gottlober Tannenbaum mein Vielliebchen gottlober Fetisch,

<blockquote>und tuschelten),«</blockquote>

26.4.14

»inkliniere zu Einsamkeit. Doch wie Rosen, vergänglich war das fromme Leben, Höld., muszte schon öfter das paperback trocknen weil es ins Bad'wasser 'fallen, so Elke Erb, weil ich, darin lesend, 1 wenig eingeschlafen …….. bin ganz hingeopfert, spüre den poet.Pulsschlag, so Elke Erb. Faltest mir Tschako aus Zeitung dasz ich bedecke mit ihm meine Fontanelle nicht wahr ……..

träumte mir, sommers in D., damals, diese Ära v.Maus und Levkojen auf dem Küchentisch, während Vater entleerte sich in den Plastikkübel, träumte mir, sommers in D., damals, eine Maus auf dem Küchentisch, Levkojen und Flieder, diese Aura v.Maus und Levkojen, goldgelber Strickleib in meinem Bette, sage ich, nämlich egale Wolle und Loden, verwunderlich, sage ich, Maus auf dem Küchentisch (Geste der Glorie usw.), diese ANKLEIDE-MONATE dasz die kl.gelben Blumen mir nachguckten, sah vor mir Blatt einer Erdbeerfrucht. Als ich gefragt wurde was für 1 Blatt, hielt ich es schräg an die Frucht und sagte 1 Erdbeerblatt ……..«

29.4.14

»hier der Tann 1 freak 1 Schnee pustend im frühen Mai. Er verschickte envelopes mit Trauerrand ohne dasz einer verstorben sei usw., 1 fassungsloser WINTERLING am Ende des April des Jahres 14, sitze auf Packen alter Zeitungen weil dies mich wärme isola bella,

bin beim Pokern indes (Hochwürden!)

o du mein Regenherz o du mein Mauseohr, bis spät in die Nacht der Ligusterhain wie Petunie : Blume gelb nickend …….. die eigenen Haare indes, geflochtene Aura der Haare, nachts am Fenster der zarte Mond die Ära des Monds nachts am offenen Fenster dasz es mich erstarren liesz, Tunte der Nacht : Tinte der Nacht – Mutter's Groszvater war Forstmann welcher ihr, da sie im Forste sich verirrt hatte den Weg aus dem Dickicht ich meine gewiesen hatte ach wie oft hatte Mutter mir davon gesprochen jetzt liegt ihre Asche zu Füszen meines Vaters was ihren Lebenssinnen sehr entsprochen hätte, sie lag ja immer zu seinen Füszen war ihm von Herzen unterthan, usw.

diese Blumen geblümt usw., da wir im Angesichte der Trauer zweigete es in uns und blühete fort (nach Goethe) dann klarte es auf wie es den halben Tag geregnet hatte …….. ich vergitterte mein Gesicht mit den Händen, donauwärts nämlich, verzog das Gesicht als ich ihn gähnen hörte am Telefon etc., die Monstranzen der Hollerblüten im Südwind wehten »le kitsch« weintest wie Röslein in einem Garten, legtest Finger an deinen Mund als wolltest du mich mahnen stille zu sein. Da wir im Angesichte des Gletschers damals, nämlich als Schärpe am Horizont während die Julisonne auf die Terrasse niederbrannte wir fieberten etwa, plötzlich standest du überwältigt deine Seele lag blank …….. als Sonnenspeise die gelbe Bettwäsche in den Regalen neben den Lieblingsbüchern, die Verse der Ann Cotton knospend in einem Eckchen meiner Kammer, nicht wahr, ich meine aus meiner Erinnerung gefallen was gestern geschehen war, was war geschehen? wenn die Szene hereinscheint, sage ich, dieser Gürtel des Orion, ach wie bangt mir nach dir, Magritte's »<u>weisze Wölkchen selig</u>«, vorübersegelnd am Himmel,«

4.5.14

»du bist mein Efeublättchen ....«

»sie ist verrückt, weiszt du sie bindet sich an dich, 1 fassungsloser Frühlingstag = Ligusterhain spät in die Nacht, es fängt mein wildes Leben an sobald ich 1 paar Tage niemanden sehe und höre, Noblesse v.Papier, blühest wie Rosmarin .... weideten uns an den Wölkchen während hauchdünner Vogel, ich glaube es war an einem anderen Tag dasz ich 1 paar Zeilen komponiert hatte, sah den Feuerschein in deiner Achselhöhle sah die Kirschen und den Sonnenglanz in deinen Augen – bin Ajax und gute Nacht. Gottlober Tannenbaum mein Vielliebchen gottlober Fetisch : rotgefärbte Eierschalen auf dem Küchenboden, flennender Kontinent ach wie frei wir sind aufsteigende flehentliche Morgenröte in dem rosa Fächer der Lüfte Rosé, Blüte des Oleander : lieber Katarakt welkender Blüten ach der Frühling mit seinen verschlüsselten Noten : Schlüsselblumen und Veilchen mir schwebt etwas vor, exaltierter Goldlack, Körbchen voll Kirschen im Hinterhof usw. Ganz unsäglich diese glücklichen Tage mit dir, so halbwegs wollte ich dieses und jenes breche mittendrin ab, indes, UMBUSCHT, sagst du .... Andreas Grunert malt das Bild »wenn ich alt bin« er sitzt in einem Korbstuhl und blickt auf die Schatten einer Allee : dunkle Erinnerung seiner vergangenen Jahre schattenhafte Erinnerung seines vergangenen Lebens Heckenrosen seiner verbluteten Jugend, ich sah im Traum den Schatten eines Baumes, weiszt du, immer öfter wandere ich durch meine Träume alles geht mir so leicht von der Hand in meinen Träumen, Menschen sprechen z.B. Worte aus, die mir im Wachen nicht eingefallen, im Traum fahre ich durch Hochzeits-, Hochgebirgslandschaften, stille Kinder in wehenden Kleidchen laufen umher, ich überquere eine Strasze ohne Fahrzeuge, die Tränen fallen auf meine Haut wie Regentropfen, während mein Schläfenbein

die Blüten-Pratze des Frühlings berührt meine Stirn ich will meine Seele tauchen,«

7.5.14

»vom Leben Schreiben Wohnen« ich puste die Vöglein (wie sie in den Lüften umherrauschen ich meine dasz sie mir Segen (bringen) während die Blüten-Pratze des Frühlings meine Stirn, berührt, dasz ich Tränenströme vergiesze …….. also sitze ich im Schneidersitz vor meiner Wohnungstür weil im Innern meiner Wohnung kein Platz mehr ist usw., eigentlich ist mein Wohnsitz die Lektüre von Jean Paul, er liegt auf meinen Knien und ich exzerpiere aus seinen Lebensberichten. Natürlich ist mein Quartier vor allem eine Ungewiszheit : nichts mehr aufzufinden zur Zeit schläft 1 Hündchen auf meinem Schosz, ich liebe den Geist dieser Quadrille du hast dich oft hier aufgehalten : kennst jeden Winkel / leider habe ich keine Schublade / ich hole in der Windmühlgasse neue Farbbänder für die Maschine, manchmal höre ich Franz Liszt aus dem GRAMMO, ich kann mich nicht an meine Taufe erinnern ich meine später ereilte mich der Tod. Es ereilten mich die Blütenmeere und ich pflückte die Blumen meiner Kindheit, das schlimmste wäre gewesen, 1 Nomade zu sein unter einem Ginkgobaum, also ich halte nichts vom Nomadentum = Normandie, aber ich hütete mein Heim eigentlich mein so genanntes Strandgut und was mir aus der Hand fiel liesz ich liegen, liesz ich auf dem Boden liegen, ich habe nur 2 mal mein Domizil gewechselt, oder höchstens 3 mal : 1 mal wohnte ich mit meinen Eltern in der weitläufigen Wohnung meiner Groszeltern welche wir aber in meinem 2.Jahr gegen 1 beengtes Quartier (in der Nähe) tauschten, das ich in meiner Akeleienzeit = mit 25 = gegen 1 noch beengteres Quartier eintauschte wo mir die exemplarischen Früchte ins Maul hingen etc., nie wollte ich auf Wanderschaft = Nomadenschaft gehen (mit einem Säckchen BLEIBTREU BASILIKUM BASISLEKTÜRE auf meinen Schultern) …….. so lebte ich hin mit den Sonnenuntergängen im Westfenster, betete viel –«

8.5.14

»Stefan Fabi. Er trug 1 jg.leicht gewelltes
blondes Haar das im Blumen pflückenden
Wind der durchs offene Fenster hauchte 1
wenig wirbelte ich meine er sprach einen
reizenden südtirolischen Dialekt welcher
in der Kammer auf und ab schwebte ....

heute morgen aus dem Fenster blickend schien es mir ich sei in
Innsbruck : umschlossen von klirrenden Bergspitzen : welche Erfah-
rung mich erinnerte an das klirrende Fenster in einem Klassenzimmer
nämlich dasz die Glassplitter auf mich herunterprasselten und mein
Gesicht zerstörten also dasz ich erschrak und dahinsprang weil ich
blutete .... da es mir so erging dasz die Sonne zersprang eben
die Rehkitze der Sonne etc. / paar Gliedmaszen fehlten mir dann :
sodann : so gehst du mir ab, das oftmalige Ablesen einer Erinnerung
von meinem Gedächtnis in einer Weise welche von Mal zu Mal
variiert (etwa das grausame Erklettern der breiten Steinstufen in
Neubeuern oder das Feuermachen im Wohnzimmer wobei dein
Haar in gefährliche Nähe zur Flamme geriet, während die Dozentur
der Kirschen. So gartenfürchtig. Die magischen Verben = Veduten
der »Dichterinnen-Gewächse« = von Isabel Kranz)

»narkotische Kirschen ach,««

12.5.14

»habe gerade die Ringelsöckchen ange-
zogen musz mich erst ausweinen weil die
Welt so traurig während das MORGEN-
MASSIV usw., einseitig bedruckter Würge-
engel in Lyon ……… ach will nicht : kann
nicht Abschied nehmen von mir (nur wenn
im Spiegel eine schwache, (Schwalbe) sich
entsinnt : ich meine Sensenmann, egale
Welle), 1, 2 winzige Buchstaben, im Tan-
goschritt usw. auf der Kredenz, da reisz'
ich mir die Brust auf dasz ich blute wie
MOHNBLUME, weiszt du, wie Andachts-
bild – küsse deine Füsze, Geste der Glorie
usw.

jetzt sagen wir am Morgen immer, nun kommt bald unsere
schwedische Übersetzerin jetzt sagen wir immer am Morgen zu
einander, jetzt kommt bald unsere schwedische Übersetzerin,
wenn wir erwachen sagst du, jetzt kommt bald unsere schwedische
Übersetzerin : in 10 Tagen unsere Übersetzerin, ich meine sie
erwartet dasz wir ein paar Bücher für sie signieren nämlich in eines
der Bücher die Silhouette eines Hasen zeichnen wobei 1 Hasenohr
herabhängend = niedergebeugt (sie hatte uns gebeten in eines
der signierten Bücher einen Hasen mit verschlungenen Ohren zu
zeichnen), es sei vermutlich das ready-made von der Hand des
Malers Andreas Grunert gewesen. Als sie ankam weinten wir vor
Freude und überreichten ihr das ready-made eines lebendigen
Hasen mit rosigen Ohren ……… es geschah dasz Worte die mir
entschwunden waren, sich plötzlich während des Schreibens in
meine Herzgefäsze verkrallten : verbohrten / so dieses Zünglein. Ich
hatte vor vielen Jahren mit Hans Weichselbaum in Salzburg zu tun
gehabt, auf seine innige Person jedoch vollkommen vergessen, nun

kam er wehmütig lächelnd wieder, beugte sich über die Rampe zu mir und sagte flüsternd »wollen Sie nicht 1× bei uns lesen« ……..
mir schwebt etwas vor / dieser Abend diese Blumen-Brosche dieser Lenz / wie bangt mich nach dir

      (wie du vor der Tür mit einem Körbchen Kirschen)

                              am Gürtel des Orion :
                              Brosamen Goethe's,«

17.5.14

»»die Chinesen sind andere Menschen« sagt mein Praktiker, »ihre Medizin ist vielleicht in Mode« sagt mein Praktiker, ich meine ich sagte lieber Taufname als Vorname, was ist dein Taufname wurde ich an meinem 1.Schultag gefragt, und ich sagte es …….. mitten im Frühling die Ekstase : der Hollerblick usw. »MILKA« = die Hörner der Luft, sagst du, auf Schreibpapier liegend am Morgen, finde ich mich, verzettelt

                         komm du Schwärmer ……..
                         des Verstummen's,

dein Haar das im Blumen pflückenden Wind dahinbrausend (1 puppy nämlich im Sonnenfenster : nach Andreas Grunert's Gemälde »ohne Titel Acryl / Papier 75 × 100 cm«), also erging es mir so dasz die Sonne zersprang und die Rehkitze der Sonne auf einem Gemälde des Andreas Grunert : »abgefallenes gezähntes schwebendes Blatt mit Frosch« …….. dahinschwärmten usw.

                    bin pfiffig Liebster die Glocken-
                    blumen im Fenstergärtchen wehend
                    in blauen Tränen, das SW-Fenster
                    mit weiszen Tüchern verhängt :
                    die Sonne zu BLENDEN

                  die Kuckucksblume bis spät in die Nacht und still-
                  schweigende Liebe »wenn ich einsam wandere, ge-
                  denke ich dein« = Alfred von der Aue, zum Beispiel,
                  BIN NICHT ROUTINIERT,«

18.5.14

»ich bin 1 japanischer Maler, weiszt du, vornehmlich das linke Auge von toxischer Farbe, damals schrieb sie mir dasz sie während der Wintermonate morgens in die Dachkammer stieg um die Meisen zu füttern …….. aber wer würde die Meisen füttern wer würde dann die Meisen füttern wenn sie gestorben sein würde, das fragte sie mich aber ich wuszte keine Antwort,

er fragte mich »faltest du die Hände beim Beten wie du als Kind gelehrt worden bist oder sprichst du die Gebete leise in dich hinein oder betest du ohne Worte«, ja, auf dem Heimweg, sagte ich, usw. Weiszt du so entzückt, bin ich, von Yves Klein's rieselnden Tränen, ach Yves Klein's Rieseln v. Tränen über Tellerchen v. Vogelkirschen etwa hellrote Herz : Herzkirschen an diesem Morgen während Südwind brausend und panisch, Lampionblume nämlich, Gebüsch aus Kreppapier, JD, hufgeladene Seele, o du kl.fleischfressende Blume …….. er ist 1 rapper. Diese Quellhunde live im Gespräch mit Marcel Duchamp ich schlafe mit ihm jedenfalls an seiner Seite = Brust usw., möchte Yves Klein's rieselnde Tränen (sehen) über Tellerchen v.Vogelkirschen etwa, während Südwind, etwa Südwind da ich Kopf aus dem aufgeschlagenen Fenster, etwa Duft von Gras, von Zedernhain, Geliebter v.Sonnenschein (bin sehr beherzt!), Rausch des Verstummen's, dasz ich dahinschwärmte ach! dahinsprang : dasz ich erschrak und dahinsprang weil ich blutete

	als Motto meines Buches : »für mein Efeublättchen!« ich habe
(einfach so hinsetzen an die Maschine am Morgen bei wölfischem Heulen, nicht wahr,	mich an dich, GEKETTET, weiszt du, wenn ich alt bin musz ich lange reisen bis der zittern-

des Todes roter Mohn schön war das Fest wir küssen uns 1 letztes Mal ……..)

mit diesen ROSENBUSKEN.«

21.5.14

de Mond aufgeht, weiszt du, bis die Mondblume, die Ekstase der Hollerblüten, so, Sittiche!, wenn ich alt bin : Titel eines Gemäldes von Andreas Grunert, ach im Blumen pflückenden Wind der durchs Fenster haucht, schade in die Täler wie hurtig. Endlich das Banner der Sonne gehiszt usw.

»herumirren den ganzen Morgen im Quartier nach Stunden erst die Gesänge im Glyziniengarten, trippeln und Stirnlocke, die Sicht verdunkelnd, Nachtschatten (lieber Mond) ....

umgekommen in seinen Knochen der Vater : bevor er ins Krankenhaus, schrieb er auf einen Zettel »das Leben war schön das Zünglein, Dank euch allen« und legte den Zettel in seinen Spind, zusammen mit seinem Siegelring usw. Wir fanden die Botschaft nach seinem Tod als die Forellen den Bach hinaufwanderten (seine Lieblingsspeise), ich imaginiere seinen schönen Kopf im Profil, mit dem schütteren Haar da er sich seitlich im Vorzimmerspiegel betrachtete und sein schütteres Haar hinters Ohr streifte ich meine er sprach dabei eine Lebensweisheit zu uns während wir neben ihm, und im Fenster 1 Regen .... »weglassen! weglassen« schrieb der Maler Markus Vallazza in einem seiner schönen Briefe an mich und ich gab die Mahnung an meine jg. Dichterfreunde weiter. Bei jedem Wort das ich aufschrieb hielt ich mich selbst daran, während die SPATZEN und Mohnblumen, und er sie fragte »seit wann die Sehnsucht?« worauf sie sagte, etwa allmählich, ins dürre Distelwerk die (hingeleierten Blumen) etc.,

fächelte im Morgen ach eine 1.Schwalbe, in der hinteren rechten Ecke des Parks 1 blühender Holunderbaum, durchs Gitter eines Vorgartens 1 Ästchen berührte mich an der Schulter und ich dachte : 1 LIEBLING .... voll Tau der Morgen, perlend Auge v.Amsel auf einem Ast welcher ins Innere tastet meiner Behausung, puppy nämlich im bleichen Blumen pflückenden Wald = Andreas Grunert »ohne Titel 1986, Acryl / Papier 75 × 100 cm«

in der gleichen Nacht = <u>auf Goldpapier</u> 2 × von Heinz Schafroth geträumt am Morgen mich gefragt, ist er gestorben. Im 1.Traum besuchten wir ihn im 2.Traum besuchte er uns aber ich konnte den Arm nicht heben, er sasz auf meinem Bett und ich deckte den Tisch ich hatte bis 6 Uhr früh geschlafen und fühlte mich frisch ……..

>hör mal! es war etwa so dasz ich Ulla-Mae nicht antworten konnte : <u>ich wuszte nicht ich meine</u>, WEIL ALLES MÖGLICH WAR, weiszt du,«

22.5.14, vielleicht
Veilchenmond usw.

(»als schreibender musz man schon sehr Egozentriker sein usw., nach diesem WOLKENBRUCH zerfasernde graue Reste v. Wolken ich meine aus welchen sich gehimmelte Figuren bildeten also Nelken v. Trauer pustend v. Sommer / ach Vorfreude dich wiederzusehen, während die Speichen des Himmelsrades ....«)

»die Spucke v. Vortag. In der Brusttasche des Pyjama-Jäckchens 1 Papiertaschentuch (wie ausgestopft nach einer OP usw.) das lila Schienbein weil ich mich verletzt hatte, weinte den Vormittag beim Passieren des Film-Casino's fiel es mir auf : der Eingang kreuzweise mit rot-weisz-rot-Bändern abgesperrt was mich ZUTIEFST. Das sind lauter Knospen : Kopien : Parmaveilchen : deine Verkörperung seit deiner Abreise : welche mich seit deiner Abreise heimsuchen ..... mir träumte ich würde im Augenblick des Todes in eine Königskerze verwandelt werden : langsam und schrecklich erstarrten meine Gliedmaszen und ich schrie um Hilfe ich meine der Helios dasz es mir 's ♥ ausstülpte. 1 jg. leichtfüsziges Erdbeer-Blättchen auf dem Küchenboden mit zarten Adern etc., während das Abbild der Sonne, und Jasmin, und ankerte mein ♥ in deinem lichtblauen Augenpaar, ach zeigtest mir deine linke Faust und sagtest, mein ♥ so grosz wie meine Faust .... puppy im bleichen Wäldchen,

>   poussieren in wehender Au usw.,
>   Franz Liszt aus dem GRAMMO
>   weiszt du, 1 Rausch …….. an-
>   himmeln den Himmel die Sterne
>   den Mond ++++++

weil wir uns ACH so lange nicht gesehen haben : vorgestern gestern haben wir uns nicht gesehen! anhimmeln, sagst du, sasz im bleichen Walde habe mir einen Zopf wachsen lassen : eine MATTE, puppy im bleichen Blumen pflückenden Wald. Weiszt du, mein Eskapismus : flüchte in dürres Distelwerk hingeleierte Beete, in Ischl nämlich ich hatte eine Erinnerung dasz ich auf dem Balkon eines Ischler Hotels sasz und sah wie der Mond über die Berge glitt, Staubzucht bei Marcel Duchamp, kuckuende Vögelchen Rotkehlchen-Schmerz usw., die Scherenschnitte v.Neubeuern damals in den Abendstunden als du mit dem Körbchen Kirschen vor der Haustür ich meine also rief ich UNS GEHÖRT DIE WELT oder ähnliches. War ich schon 1× bei dir oder hast du mir alles nur geschildert, sage ich zu Maxi F., dann habe ich wieder vergessen darauf …….. Peter Weibel sagte »höre ich eine Musik in einem Taxi ist es eine neue Musik auch wenn ich sie schon tausendmal (gehört hatte)« ach dieser zischende Zustand, weiszt du, ich verlese mich oft woraus ich dann meine Beschwörungen,«

28.5.14

»frei aber einsam, die letzten Worte des Mai, jetzt vor Pfingsten, Lametta Fäden auf dem Parkett …….. diese neue Welle : es dürfte aber nicht zur façon = zur Mode werden, weisst du : ja du bekommst morgen das 2.Modell. Ich will Ihnen 1 Geheimnis verraten : ich glaube wir werden uns wieder küssen!, ach der Stengel einer Kirsche oder Stecknadel auf dem Tischtuch. Nach dem Wolkenbruch zerfaserte Rest v.Wolke ich meine aus welcher angehimmelte Figuren nämlich Nelken, Päonien (pustend v.Sommer) : Vorfreude dich wiederzusehen …….. das Himmelszelt! Liebster! legtest deine Hand auf deine Brust was geheiszen haben mag MEIN HERZ IST DEIN! …….. gefiept : gepiepst : Ästchen und Phantasie lautlos das Geäug unserer ZIERDE, rosa Muster in Blindenschrift da ich erwache so gelb und blau, 's Zünglein nämlich behaart mit Träumen. Damals die Primelwiese hinter dem Haus / ach! die Häsin, gotterbarm's die hohen Lilien so grosz wie ich, wüst am Brunnen sasz ich (die Mundharmonika spielend) Schlänglein zu Füszen. Da er meine Hand streichelte die in seiner ruhte …….. nach dem Erwachen erschien mir jene meiner Zeichnungen aus den 60er Jahren welche mich : meine Figur frisch gebacken auf einer Schaufel zeigt nämlich aus dem Backofen herausgezogen : bereit mich selbst zu verzehren,

<u>gehe so mit meinem ganzen Körper</u> : <u>in meinem Körper</u> die Strasze hinunter bin gut aufgehoben GEBORGEN in meinem Körper welcher in einem Kästchen und sich ganz langsam bewegt. Während Mutter's Stiefletten (ohne Mutter's Figur) ganz allein durch tiefen Schnee die Reisnerstrasze überquerend, <u>con brio, sage ich, eines Morgens</u>. Wie 1 Vöglein fliegt davon was mir eingesagt wurde, wie Vöglein im nächsten Augenblick, weiszt du, violettes Fetzchen : liebliches Schwalbengeschwister, mit schwelgenden, Notenköpfen, als ob, ich meine, SCHIELE kokste die Strasze hinunter …….. leichtfüszige Potenz, nicht wahr,«

3.6.14

»Deinzendorf war eine hl.Hostie welche ich tagtäglich auf meine kl.Zunge, die Büsche rauschten im Morgenwind die Zweige der Kirschbäume blühten ins Fenster die Maulbeerbäume bluteten zu meinen Füszen welche nackt usw., der Mond glänzte ins Kämmerchen .... ob sie bald sterben würde, frage ich den Arzt, was er bejahte, die <u>Sturm-Untersuchungen</u> nämlich, so diskret, ich sasz auf einem Packen alter Zeitungen welche mich wärmten. Er reichte mir 1 Blatt des Wacholderhains welches ich in 1 Glas Wasser (tauchte) das sich neigte wie die »weichen Uhren« des Salvador Dalí, weiszt du .... <u>verblüff'</u> : <u>bin mitten im Wort verblich'en</u> langsam tauchte ich aus dem Schlaf als hätte ich mich in einer Tauchstation befunden, Sancta Agatha! begrüszte mich der Arzt als ich seine ORCHIDEE = ORDINATION, kann nicht aufhören zu bluten Blutsturz der Poesie usw., anmutigst : nehme ich mir dieses und jenes vor vergesse wieder darauf, nachts bin ich in einem fremden Land, nachts gr.Blutstropfen auf dem Parkett, bei Tageslicht dann goldene Münze,

<u>zu Arzt wegen Aischylos</u>,«

14.6.14

»und dann geht kein Licht und dann stosze ich an allem an und dann sitz' ich an dem groszen Stein vor dem Ziehbrunnen in D., usw. und Weinen macht alles besser und ich lerne von seiner DEZENZ und also weine ich schon am Morgen, weiszt du : weinen hilft!, und was für 1 Wahnsinn und Wahnwitz und Irrwitz diese Trompeten : Trompetenbäume im Garten Schwertlilien auf der Schwelle des Hauses ganz schwarz waren sie weiszt du auch eilten sie davon ich sah sie davonlaufen dahineilen ich sah sie rasen dahinrasen (die Erinnerung an ihre dunkle Schönheit, war das nicht damals in Tübingen dasz du die gesamte Nacht, umherirrtest auf der Suche nach einer Frau) vierblättrig bist vierblättrig bist so vierblättrig bist vierblättriger Klee usw., pflücke dich, sommers, auf einer Sommerwiese Tränenwiese taubehangen, bist taubehangen mondbeschienen, bist PURIST. Wie ich wandere mit dir du in meiner Hand, nämlich mein ganzes Glück usf.,

> dann klapp' ich die Augen auf am nächsten Morgen klapp' ich die Augen auf und schreie : »NEIN« und wir sahen zu ich meine wie Luna niederkniete vor uns diese Luna-Skulptur, ach am Morgen das Alpenveilchen der Tränen, den Füchsen zuteil werden heiszt : sterben .... erwache mit Luna und Ästchen am Morgen, dem Duft von Erdbeeren /

undenkbar, sagst du, stiegst aus dem grünen Taumel des Grases (deine offenen Arme wenn wir uns wiedersehen) .... die nymphomanen Konditionen, sagst du, was flossest du da herum in meiner Mundhöhle .... weil wir das VERKOMMENE schätzen etc., momentan, und bisz die Hand mir ab, so Schwalbensachen, so tropfen und tränen die daffodils, ich will es euch sagen die daffodils

ja im Himmelchen. Sitze oft
tagelang und keiner ruft an :
heute jedoch : hocke an der
Maschine : ruft mich die ganze
Welt,«

18.6.14

(du hast Worte gefunden wenn
alle anderen Freunde verstumm-
ten du hast Worte gefunden
wenn ich selbst verstummte vor
Scham oder Wut, ach Himmel-
chen verwende jetzt den Rolla-
tor),

> »du blühest : blühetest die vielen Jahre dann welkest : welketest mit heiszen Tränen dann endest (du) : hörst auf zu atmen …….. wir wissen nicht wohin dein Weg«
> = Nachruf auf Elfriede Schubert, etc.

»einerseits war ich weise geworden andererseits voll FEU-ERSGLUT welche wie 1 Busch in meinen Augen. Auf 1× ist es mir aufgegangen was Verachtung ist, ich meine ich hob das Ästchen auf und steckte es in meine Tasche, hast die Ringelsöckchen übergezogen musz mich erst ausweinen weil die Welt so traurig (während die Morgen-Massive, nämlich das Einritzen : 1× zu Weihnachten als er schon sehr krank war schmückte sie den bis zur Decke reichenden Christbaum und wir sahen zu ich meine LUNA) ach Nachtwachen von Rabatten : diese Kolosse sprieszender Berge, blühender Alpenrosen, bislang habe ich Sie nur als Sondermarke kennengelernt, erwache mit LUNA um 6 Uhr früh = Luna und Ästchen, mit dem Gefühl es widerhallten die Blicke Gespräche Empfindungen des vergangenen Tags, »der besten Früchte iszt er roh ……..«, das Tropfen und Tränen der daffodils ich will es euch sagen, 1 puppy im Sonnenfenster einmal wollte Peter Weibel eine Briefmarke von mir entwerfen,

(anhimmeln = dich flüchte in Distelwerk, hingeleierte Beete)

ich will nicht ich kann nicht Abschied nehmen von mir, usw., in der rechten Ecke des Parks sah ich einen Holunderbaum und du sagtest Schaljapin ist auferstanden, in einem Vorgarten 1 Ästchen berührte deine Schulter, während …….. die Welt ist aus den Fugen,«

21.6.14

»muszte ihm schönreden. Vom Dachfenster aus würfelten den Hang hinunter die Häuschen der kl.Siedlung, auf dem Fuszboden die Wochenzeitung aufgeschlagen : schmetterte mit rotem Kapitälchen wie Engel-Essenz, ich erinnere mich, an mein linkes schmerzendes Schulterblatt = einerseits. An meine linke Hand = andererseits, dasz sie wie eine WACHTEL dorthin : nämlich auf den Vulkanhügel gelegt hatte das Registerheftchen = cahier, meine linke Hand nämlich wie eine Wachtel, ich meine ich sah meine geöffnete Hand wie sie entliesz diesen Gegenstand eines cahier = Regenbogenheftchen was mir die Tränen, etc. ich meine stoszweise aus meinen beiden Gucklöchern aus welchen ich tatsächlich zu gucken versuchte, da war meine Handschrift vergröszert durchs Lupenhaar ach perlende Träne wie der hl.Markus im Gebet mir prophezeit hatte, wie die flüchtigen Schatten des Morgens mir anzeigten, weiszt du du mein Vielliebchen : Vision eines Kniefalls du veilchenblasses, erzähltest von deiner Entzückung da eines Abends dein Auge ins Schmetterlingsblau eines Vergiszmeinnicht-Felds tauchte (»le kitsch«) …….. wie mein Flehen schnäbelt rosenrot mein Stieglitz, da würfelten doch tatsächlich hangabwärts die Häuschen der kl.Siedlung. Wie wir schrien vor Freude in diesem Schillerpark, das Bild von mir in mir stimmte nicht überein mit dem damaligen Erscheinungsbild von mir, bist mein Efeublättchen, lauter Schwalben seh ich in deinen Augen, Hören und Sehen auf Schneelosigkeit, sage ich, »Figur und Schildkröte« von Andreas Grunert, »Musik« von Andreas Grunert : Zwillingskirschen wie Notenköpfe (Tusche und Acryl auf Papier 66×46 cm an einem blanken Tisch 2008) …….. Operation des Auges : habe einen Feuerbusch gesehen, das weiszblühende Alpenfettkraut erfreut mich immer wieder, so Georg Kierdorf-Traut, wenn ich es in den Dolomiten antreffe, manchmal ist auch 1 Insekt auf dem klebrigen Blatt dieser fleischfressenden Pflanze hängengeblieben, so Georg Kierdorf-Traut, unrettbar verloren, also das Beneficium usw.«

bis 29.6.14

P.S. gellender Mittagstisch, 1 × vor Jahren fragte sie mich am Telefon ob ich in solcher Winter-Euphorie <u>zeitweise</u> Schneebällen werfe was ich verneinte : es war aber nur 1 Grasfieber – gute Nacht …….. im blumenverzierten Himmel : ach Himmelchen (etwas brillant) ……..

»lieber Hermes Phettberg, Sie sind mein Double, ich bin Ihr Double : massiv und 1 wenig vorgebeugt. Ich trage wie Sie einen Fischgrätmantel, Sie tragen wie ich einen Fischgrätmantel, ich trage wie Sie einen Plastiksack, Sie tragen wie ich einen Plastiksack, ich trage wie Sie lange Haare die sich am Hinterkopf teilen und vice versa, eine fremde Hand in Ihrem Nacken als ob sie zupacken wollte, eine fremde Hand in meinem Nacken als ob sie zupacken wollte …….. aber wir wissen nicht wessen Hand usw. im blumenverzierten Himmel des Wiener Westbahnhofs. Ihre Hände auf meinem Rücken halten den Plastiksack fest, meine Hände auf Ihrem Rücken halten den Plastiksack fest, eine tiefe Falte in Ihrem Mantel und vice versa. 1 Eskapismus und zartes Schneeballen lieber Hermes Phettberg, bitte machen Sie mir nicht alles nach = vielleicht sind Sie mein ready-made, usw.«

30.6.14

»heute nacht träumte ich einen Traum den ich schon 1× geträumt hatte, ach Himmelchen lasz dich umarmen, wenn du Backpulver streust in deiner Küche explodieren die Ameisen, sagte er und machte 3 Kreuze auf meinen Fusz da ich ihn verletzt hatte – im Vorgarten wuchs die KÖNIGIN DER NACHT die nur in der Nacht, blühte. Sinnierte am Morgen, sinniertest am Morgen meine Zuflucht : Stiefmütterchen am Morgen .... man erinnert sich beim Anblick des eigenen jetzigen Gesichts an das eigene vergangene Gesicht (auf Fotografien) und ist erschrocken, sagst du, du bist 1 Voyeur, die hohe Sonnenblume (mit 3 Gesichtern) auf dem kl.Balkon gegenüber im Juliwind schwankend

Wie *ne* es anders sein als dasz ich in Sehnsucht an dich denke, da ich lese in deinem phantasierten Angesicht : da du in solcher Ferne .... hab' mich erbrochen : habe meine Seele erbrochen, in dieser meiner stöhnenden Raserei, so Schwalbensachen! momentan bisz ich mir die Hand ab, am Morgen das Alpenveilchen der Tränen, damals küszte er mir die Fuszknöchel usw.

ich meine LUNA und Ästchen, und du sagtest Schaljapin ist auferstanden, am Gitter des Vorgartens 1 Ästchen berührte mich an der Schulter, ach Kohlweiszling und Specht das sind die Tautropfen der Sprache am Morgen .... am Ende wird man

sich fragen : <u>soll das alles gewesen sein?</u>
con brio. Der bleiche Morgen, Klatschmohn zu deinen Füszen, 's Zünglein nämlich behaart mit Träumen …….. geh' so mit meinem ganzen Körper die Strasze hinunter, bin gut aufgehoben in meinem Körper der sich langsam, bewegt (<u>dasz gotterbarm'</u>)«

7.7.14

»wie ist der Mensch 1 Tor der all
sein Glück verlor«,

»das Ästchen das ich AUFGEKLAUBT im Park ich glaube dasz es knospet rosarot im Glas, 1 Busch im Fenster. Was blendete und blutete während riesige Wolkentürme uns blockierten dasz die Tränen 1 wenig schäumten oder schwärmten, was ich irgendwann irgendwo gesehen gehört wird beim Erwachen hochgeschwemmt, weiszt du, so kann ich's aufschreiben Liebster dasz in den frühen Nachmittagen die Strahlen der Sonne (sobald wir eine bestimmte Stelle der Strasze erreichen) uns blendeten und bluteten während riesige Wolken-Architekturen ich meine. In den Büschen die Tauben schreiend und eingeritzt nämlich, ich wollte nie in einem OSTZIMMER schlafen wegen dem Eindringen der Sonne welche : ich meine leckend meine Träume = Gesten der Glorie, bitterer Oleander ...... ja mein Himmelchen : 1 Sesamflügel Gartenschminke in zierlicher Luft usw. Hast die Stiefelchen verkauft, sag' ich zum Maler Andreas Grunert, hast schön gemalt, »Hören und Sehen auf Schneelosigkeit«, sag' ich zum Maler Andreas Grunert, »Figur und Schildkröte«, »Zwillingskirschen«, ich meine Zwillingskirschen wie Notenköpfe, nämlich »Musik« : Tusche und Acryl auf Papier 66 × 46 cm auf blankem Tisch 2008, umschwirrt von Notenköpfen, sag' ich, orangefarbene Tränen, »Arbeiten auf Goldpapier« nicht spucken : sputen! sag' ich, nur Herzeleid, Vielliebchen Nektar, »Frosch in Landschaft und loser Blick, von Abendsonne beschienen«, 2008 Tusche auf Papier Geste der Glorie .... hast so 1 Jenseitsbild gemalt, sag' ich, Titel »wenn ich alt bin«, hast geschrieben : »wenn ich alt bin sitze ich im Schatten wenn ich alt bin musz ich weinen circa wenn die Sonne aufgeht = EMMERICH, Liszt aus dem GRAMMO weiszt du. Wenn ich alt bin werden die Raben nach mir rufen und meine Füsze tupfen, wenn ich alt bin werd' ich sitzen auf einem

Bühel Schnee und meine Hände werden schmerzen meine Füsze schwellen …….. abgefallenes (gezähntes) Blatt mit Frosch usw., so dieses Zünglein Internet,««

24.6.14

»geh nicht zu rasch ins Wasser, DARLING, lauter Schwalben seh ich in deinen Augen, als ich erwachte 1 Busch im Fenster, der kl.Schmerz schreit usw., habe heute Fauré gehört hat geklungen wie Franz Liszt habe die klare Träne ach was! schüttelt mich Depression .... da du in der Ferne, nur paar Worte am Telefon usw., Sehnsuchtsblitze! mein Büro auf dem Fuszboden, die Spucke v.Vortag. Seit deiner Abreise mein Schmerz heimsuchte mich ZUTIEFST

so immerfort schreiben, 1 Ritual, primroses gelb und blau .... die 3 Gesichter der Sonnenblume auf dem Balkon gegenüber, nämlich das Küchenlamento, nämlich bisz mir die Hand ab, nämlich Lily und ich : wir überbieten uns in Aufmerksamkeiten ohne dasz wir einander mögen, etc., nämlich der geschmückte Christbaum : wir haben den 9.Juli : beinah ohne Nadeln im Morgenlicht, auf dem Arbeitstisch, 's Zünglein nämlich behaart mit Träumen, schmeckt nach Zitronen. »Komme gerade aus dem Garten mit einem Himbeertropfen an meinem Finger, so Andreas Grunert, wie letztes Jahr und all die Jahre davor«, Andreas Grunert's schwebendes kahles Köpfchen aus der Grafikmappe »zwischen September und Oktober« 1989, ich meine Andreas Grunert's GEDÄCHTNISOHR : 9 Uhr abends, einschlafend, schlummernd »zwischen September und Oktober«, »Schildkröte und Eimer«, 1989, Radierung, es ist etwas Seelisches!
usw., wie verwunderlich, sage ich, Geste der Glorie, die Vögelchen schwirrten umher, wir liebkosten den Garten ....«

9.7.14

»Feldblumen abermals Blüten eines Dufy, mein Herz steht in Flammen, weiszt du, couragiertes Träumen, was für Rehaugen er habe!, musz mich ausweinen weil die Welt so traurig, weil du. Feuersglut wehte in meinen Augen, wie du so fern usw. <u>als wäre der Blitz : ach! Stieglitz</u> in mich gefahren sprang ich aus dem Bett als dein Anruf kam, ja : schrillte in meiner Brust ich hörte deine Stimme, sah dein Augenpaar .... das Geheimnis einer Kirsche die Kirsche deines Munds 〜 = die Form deiner Lippe wie die Fluten des Meers wie die Fittiche der Taube wie der Zauber des Monds wie das Möndchen deines Fingernagels. Franz Schubert komponiert ins grüne ins grüne im Grünen im Grünen da wandeln wir gerne wo die Lerche flirrend oh flötend so flirtend, weiszt du, und alles herbei und herbei wo das Glück uns sprieszet (»le kitsch«)

(»pflanzt mir verschleierte Hortensie vor meinen Sack usw.«), nur wenn im Spiegel eine schwache, (schwalbe) sich entsinnt, ich meine Sensenmann, ach wie die Nacht uns Wunden schlägt uns quält und zittern macht, dann wischte er mir die Tücher vors Auge .... »ich sehne mich hinaus wie noch nie«, so Gustav Klimt, »die Ekstase der Hollerblüte«, die polyphone die goldene Vogel-Welt, weiszt du am frühen Morgen, im Juli, bin Hasardeur, sage ich, wie Vater, im Herzen der Finsternis. Es sei von solcher Zierde gewesen : Quellchen und tiefe Grotte fleur und étoile, und schräger Frottee, »wie bangt mir oft nach dir«, Religionen von Schwalben auf Goldpapier = Andreas

Grunert, Groszmutter hatte WILDEN KROPF was mich dauerte, dieser Abend diese Blumen-Brosche <u>dieser Lenz</u>, nämlich
<u>die Einübung von Lust usw.</u>«

11.7.14

»es ist Rosmarin-Wetter, schmeckt nach Zitronen ……..
〰 = linker Fusz verdorben, Welt aus den Fugen, und hätte nichts zu erzählen gehabt, weiszt du, Blütenmeer eines Dufy, äugte aus Hotelfenster erblickte Dufylandschaft indem ich mir die Hände an meine Schläfen hielt (oder bettete / bettelte usw.). Was für REHAUGEN er habe, war in dieser Woche deiner Abwesenheit einerseits weise geworden andererseits voll Feuersglut welche in meinen Augen (Etüde der Spatzen). Damals an diesem Abend in Ischl saszen wir im Gasthausgarten : neben uns der Busch mit den 1000 Spatzen = 1000 Augen, so flüchtig, dämmerte es, zarter Abendstern usw., gehe zuhause auf Stelzen dasz ich alles besser überblicken könne, nicht wahr …….. »ist Lieb ein Feur«, so Sibylla Schwarz / Doreen Rother,

> da ich dich lange ja : wochenlange nicht gesehen, frage ich mich : hatte ich dich je geliebt, das linke Auge tränt das Kornfeld vor der Haustür wogt 1 schickes Bild! darin Klatschmohn und Kornrade : die schmucken Farben dasz mir die Tränen rot und blau, der Vollmond ach der Vollmond zur Rechten blitzt der Abendstern, ich meine damals in D., wehten die Gardinen nachts mein Herzeleid …….. heute morgen alles im Chaos als sei ich von einer langen Reise zurückgekehrt : aber ich hatte doch alle Tage hier geweilt, in Trauer / dasz der Friede einziehe in mein Herz erbitte ich mir, mein Freund, dasz diese Schrift nicht zu mühsam sei = abstrakt = aber auch nicht zu SIMPEL : was für eine erbärmliche, Vorstellung, nicht wahr
>
> > (bin durchgeknallt, wie adorierter Schatten mich verfolgt.)«

12.7.14

»das Selfie der Christine Lavant«

> (unter Tränen unter Palmen :
> ist wie Erdbeben wenn du auf
> Reisen gehst und mich ver-
> lassest : eruptiv, schmeckt
> wie Zitronen : amour fou mit
> Werner Berg, hinfällig starre
> ich ins Rad der Zeit)

»eigentlich heisze ich Christine Thonhauser, trage 1 Kopftuch von Wolle gegen Kopfneuralgie, bin stigmatisiert. Meine Andacht ist eine Lanze, will nicht dasz das Lamm Gottes geschoren wird, wandele unter verdorrenden Apfelbäumen, abnehmender Tagmond und frühe Schwalben. Heute wurde ich wach ohne zu wissen wer ich sei, geblendet sind meine Augenhöhlen, der Schlange hab' ich den Schlüssel entrissen, wer haucht so kalt in mein Genick, Engel steh auf und verschaff mir die Ortschaft Paris, ich verlege die Ortschaft von links nach rechts, Vater ich bringe den FUNKER zurück, Kunst ist Rhythmus, so Kurt Schwitters. Bisweilen Eppich und Pfaffenhut, fremd geht der Schlaf an mir vorbei, mein Schatten kann über Wasser gehen, Liebfrauenhaar und Ingeräusch, »cool kitsch«, so Martin Kubaczek, hinfällig starre ich ins Rad der Zeit, 1 feines blondes, Nest von Hahnenfusz = ich war ganz baff ....

> ich weisz dasz ich vergangen bin und mich
> auch noch vergangen habe,«

17.7.14

»und welche dir zu Füszen liegen …….. die Kürbisgärten des Thomas Kling, hoch in den Lüften heiter die Schwalbe es war mir als flöge ich mit ihr ich begleitete sie vom Fenster aus weiszt du, als höbe ich mich ins Freie als erhöbe ich mich aus meiner HERZGRUBE weiszt du als erhöbe ich mich aus dem Nesselbusch usw., »Sie sehen aus wie Ihre Gedichte«, so Juliana Kaminskaja,

....
(unvollendet in Wien, usw.)

P.S. <u>willst du lieber lispeln</u> rückenschwimmen oder griechische Verben auswendig lernen, dein Lavendel-Brief, dann fällt mir was ein, im gezähnten Forst : gegen den Himmel, weiszt du, Klossowski's NUDES, die Flucht der Bergschwalben = Flucht der groupies im Allgäu (habe mich in die Zunge gebissen), der Othello im Supermarkt. Ihr, die Ihr wie 2 Rosenblätter. Jean Paul's DORNENSTÜCKE, ach dieses grüne Gezirpe, lese dir von den Augen ab (Möse als Fabelwesen) ……..

        Lang ist
        Die Zeit, es ereignet sich aber
        Das Wahre.   (Hölderlin)

....

<u>dann werde ich an einem anderen Ort sein.</u>«

13.8.14

>»eine rote verblühte Blume auf dem Küchenboden, neben einem Löffelchen ....

P.S. bin durchgeknallt »1 Vermeer!« (Marcel Beyer) wir beweinen den anderen in uns, usw., heute morgen alles im Chaos als sei ich von einer langen Reise, zurückgekehrt aber ich hatte doch alle Tage hier geweilt und in Trauer also dasz der Friede einziehe in mein Herz erbitte ich mir mein Liebster dasz diese Schrift nicht zu mühsam sei = zu abstrakt – ach! zerwühlt während einer rasenden Bahnfahrt, nicht wahr, nämlich über den Blattrand hinauszitternd, in tiefster Leidenschaft dasz mir das GEMÜT zerreisze etc.

Dies Sterben von SONNENBLUME. Nun ja Miró und Klee wie Geschwister, hast während der ganzen Reise gekritzelt in einem fort, nämlich unübersehbar und über den Blattrand hinaus als seien es kl.Blütenblätter oder Ästchen in eine zitternde Seeligkeit verstreut .... und lese von deinen Augen wie Haiku,

> dein stürmisches Wesen, oh! (im Bette und auch gekleidet), 57 kg (schulterfrei), nämlich wie Henri Matisse in der linken Hand eine Taube in der rechten einen Stiefel = Stift vor sich den Zeichenblock die Kamelien

wie dein Herz, hängt an. »Sie können darüber nicken«, sage ich, »was mir geisterte«,«

14.8.14

»wir meiden das Glas aber wir lieben die gläserne Sprache es büschelt das rosa Bouquet im Fenster vielsprachig das grüne Bett des Flusses bis die Tränen stürmen ins schöne Wasser ach der Freund mit dem silbernen Haupte …….. Lapplandia = meine tote Mutter = eine Wolke im Abendhimmel. Dieser Föhrenschleier v.Regen in der Spindel der Nacht triefende Dächer gefalteter gelber Sonnenschirm = eine Wehmut im gläsernen Tal das Bouquet : das goldene Schiff die roten Glöckchen am Fenster. 1 wenig, und zitternde, Traun (feenhaft deine Schritte, etc.) brauender Tann, rosa Mondblüten am Fenster, betaut oder Tränen nach tiefem Schlaf, es regnet : es taut meine Lebens-Spur die Berge, im Nebel / August, oh die kl.Manschetten, es regnet Mitternacht dein Angesicht eine Blüte 1 Omega = ♎"

für Edith S.
Bad Ischl, 30.7.14

»rosa Pelargonien am Balkon vom Türrahmen abgeschnitten ich meine das Winken der Blüten beinahe schalkhaft im Morgenwind gebläht gelber Sonnenschirm und hingewürfelt des Städtchen's Wohnungen Schneise im Berg …….. deine Haare = dein Seidenkleid ach Freudenküste v.Kreta die nickenden Malven, 1 Rückenakt, im Morgengrauen eine Schwalbe flog über dein Bett usw.«

für Edith S.
Bad Ischl, 3.8.14

»bin pfiffig, Liebster. Ach die Astern im Garten Köpfchen wehend .... ganz zart wie Ästchen : Marienkäfer = sich totstellend, diese kl.rosa Blüten : wie Lieblinge (die Ekstase der Hollerblüten) .... bin sehr angefeuert nämlich zierliches Motto im AZUR usw. bist Halb-Pflanze bist zierliches Motto. Einen Augenblick dachte ich daran, mir eine Blume im KONSUM, zu raufen dann sank ich aufs Bett und schlief ein während es summte in meinem Kopf usw. Nun ja, aus seinem Hinterkopf ragten : an seinem späten Geburtstag die Weidenruten, ach gepuffte Rose : der süsze Schlaf.

Vater damals schon am Herzen krank, verabschiedete uns : Mama und mich, wir wanderten frohen Gemüts in sonnigen Wiesengrund mit Schmetterlingen und zarten Hauchen, während er einen Steg hinauf, auf einer Holzbank sich niederliesz .... obwohl etwa 30 Jahre zurückliegend die Erinnerung an überaus glückliche Bergreihen welche uns bis heute, umschwärmten. Liebster, fluszaufwärts, fliegen wir mit Sommer's Fäden der grüne Flusz und saszen unter Büschen in welchen flinke Spatzen, hausten, viel Regen : da das schwere Wasser sich wälzte, im Bett, seh ich die liebe Schwalbe über deinem Haupt und Alpenkette = Goethe. Als er auftauchte fragte ich ihn, haben wir uns nicht ANDERNTAGS auf den Galerien getroffen (indem er errötete grub er in der Gartenerde, rieb sich die Erde in die Augen indes) es donnerte .... er hatte eine blanke Stirn wie Diogenes und löffelte eine Mahlzeit indes, die Malven im Morgenrot schimmerten. Ich meine es war 1 Kahnweiler's Tag, hingewürfelt des Städtchen's Wohnungen, egale Welle und Glorie. Lag auf der Ottomane : nur Nase und Augen (hervorbrüteten)

2 ideale Sätze übereinander in meinem Kopf, damals in Rohrmoos nach dem gemeinsamen Probekosten des »Waldgeist«

                und O.B. sich verabschiedet hatte, war ich
                betrübt usw.

(»denn wenn ich von dir verwirrt bin
dann bist du bereits bei mir, und ich bin
nirgendwo ohne dich«)«

21.8.14

zu Arzt wegen Aischylos, Blutsturz der Poesie usw.

»kennst du das Land, wo die Zitronen blühn, im dunklen Laub die Goldorangen glühn« Goethe .... Titel fürs nächste Buch »lyrics« oder »lyrix«, eine sehr (PARNASSE) Frau, weiszt du, sie getraute sich nicht in Vater's Anwesenheit Gäste zu empfangen, ach zierliches Motto im Azur nicht wahr, die Sturmfüsze, also die Füsze des Tännchens, 1 Zettel mit dem Namen Cäcilia an der Spitze des Tännchen's ich habe heimgefunden ich war in den Wäldern ich habe einen Regenbogen gesehen, was Glück bringt. Ich laufe den Gegenständen, die immerfort untertauchen, nach, was es heiszen solle, fragte Erika T., dasz ich sagte »ich habe auf der Toilette etwas vergessen«, ich antwortete es waren Zauberworte zu ihrer Erbauung etc., ich hatte die Orientierung verloren .... Burberry's Herzchen, ich trug alte sneakers oder Wellingtons UNTER TROMPETENBAUM und einen beigefarbenen zerschlissenen Burberry, war überglücklich = am Morgen der Abdruck deines Kopfes auf meinem Kopfkissen (während der Hochsommer blaute, du bläutest mir die griechischen Verben ein, fuhrst die Fischgräte meiner Braue lang, fluszaufwärts fliegen wir mit Sommer's Fädchen, ich meine Luna und Ästchen)

he! Schnurrbart he! Fingerchen : eingeschlafen (Franz Liszt aus dem

GRAMMO) 1 Trippeln durch die Laubgehölze, Schneeglöckchen-Büschel dein Leib : <u>1 Kränzchen Leibenfrost</u> .... anmutig nehme ich mir dies und jenes vor, vergesse wieder darauf, hinreiszend das kolossale Bouquet der Schwertlilien ich meine lila Schwerter deine Wangen

<u>dasz es mir das Herz ausstülpte</u>,«

25.8.14

»Schleppe der Blumen und biszchen Reh, eingehen
in buschigen Horizont die verstorbenen Freunde
locken uns : aufmucken weiszt du, wir verschlie-
szen die Ohren …….. die Schwalbe dreht auf Sü-
den die Rosen-Büsche welken wo bist du lieber
Sommer hingeflogen ich hatte doch dem lieben
Berg gewinkt vom Fenster aus an jedem Morgen
der Tau im Gärtchen (»Susie wo bist du«) – nie
wieder wird der Sommer mit der Rosen-Schärpe
wiederkommen : ich sehne mich nach ihm (sein
kl.Bruder = der nächste Sommer mit der Knospe,
ich weisz nicht ob er mir erscheinen wird im unbe-
kannten neuen Jahr)

ich hab' ein gutes Leben, Liebster, Miró's »Gold des Azur« : die blaue
Puderquaste des Azur, ich seh in deinen Augen eine Schwalbe ……..
Belcanto-Mond (hier Gasse im Gezweig), Kittelchen und Klamotten,
pustet der Wind, habe heute morgen purpurrote Kehlchen gesehen,
ich meine erzählerische Konventionen miszachtend ……..

»liebes Fräulein Kaufmann« schrieb ich da-
mals an Angelika Kaufmann, Arnulf Rainer
malt »Ausgieszung des heiligen Geistes«,
1952 Aquarell auf Papier, Goldpapier-Bild
von Andreas Grunert, usw., sauge an dei-
nem abgewinkelten Ellbogen,
(sie habe in die Donau gekotzt)

lyrics oder lyrix : Titel für nächstes Buch. Wir gaben
uns die Hand aber sie war klein und ich dachte
sie sei 1 Kind also mir keinen Halt bietend beim

Spazieren, sein linker FISCH-ARM nämlich : sehr eruptiv,«

28.8.14

»der Morgen war 1 Zierat mir hatte von einem Urwald geträumt von uralten Natur Passagen durch welche ich mit groszen Schritten strich, kl.Urwildnisse kl.Urtiere welche auf meinen Händen wie Kletten sich eingenistet hatten. Alte Denkmale Grabmale Gräber, Nuszbäume in deren Wipfel die Früchte hingen, ich schritt sehr rasch aus wie in meinen Jugendtagen, über mir hingen die Sterne dann habe ich meinen Pfad aus den Augen verloren. Zerschmetterte Erinnerungen trugen mich talwärts, Ungewiszheiten, weiszt du, es war Sommer und ich fühlte mich erschöpft meine Begleiterinnen hatten sich am Schenkel eine Strumpfband-Rose tätowieren lassen, vielleicht kannst du diese Aufzeichnungen vertonen, etc.«

Morgentraum vom 28. auf den 29.8.14

»Dahlien weiszt du in meinem Mund 1 Sträuszchen Dahlien im halben Mond, 1 Rosenblütenblatt auf dem Küchenboden weiszt du 1 wenig geknittert aber mit Flügelchen, Stiefmütterchen mit zarten Backen weiszt du 1 biszchen violett, Unica Zürn's »muede Gans«, du trägst einen Weidenzweig in deinem Haar wie eine Feder, unsere Seele ist einfach und zur Ruhe geboren, Goethe (Tintoretto hält sich mit einer Hand die Augen zu) …….. Donnervögel Kiebitze <u>und alle Trauer</u>, schon Heinrich Heine schrieb vom »kranken Wald«, indes ich früher mit offenem Munde die Alpenluft einsog sobald mich die Komposition eines Finken, ins Freie, lockte. Das sind die Ellipsen der Sprache, ich meine, das Kissen umarmend, ach liebe Swantje Lichtenstein ich türmte in die Zukunft ich bin gerührt : Ihr funkelnder Brief die herzzerreiszende Handarbeit, wenn ich »FM die blaue Taube das blaue ♥« ansehe, hier schlugen Blitze auf das Gras ist jetzt sehr nasz und weich die Vögel griffen nach den Holunderbeeren ich habe eine halbierte Nusz gefunden darin keimte 1 Ast …….. <u>aufmucken!</u> weiszt du, Nerveninstanz, ich schreie nach diesem Wald in Bad Ischl nach diesem Flüszchen = so aquamarin es war 1 Zierat dieser Morgen.

<u>Sie habe in die Donau gekotzt, nicht wahr,</u> sie habe purpurrote Kehlchen gesehen, da pustete der Wind

<u>in seiner Luna 6 Uhr früh</u>

der Rudolfonkel hatte auch so Locken wie du. So Schwalben-sachen, dann bisz ich mir die Hand ab weiszt du«

7.9.14

»v.mir, die Küsse grüszen 's Vöglein mit dem aufgesperrten Mund auf einer Briefmarke auf einem Brief, von dir, ich gehe Safran = flehentlich in meiner Kammer auf und ab, am Morgen keuchend auf's Papier, ach Jean Miró's »Gold des Azur«, Motto am Flusz man entkommt sich nicht, was ist das für 1 unnennbarer Zustand wenn mich der Schlaf umfängt (1 Zimmerchen so korrupt) .... 2 ideale Sätze übereinander : am Morgen, die Zeitläufte indes, indes der dünne Faden deiner Stimme : wie Vöglein oder weisze Veilchen, weiszt du : durchs Telefon indes, die Stimme : deine Stimme jeden Morgen, indes der Seelenfaden Seelenvogel. Auflodert nämlich den Durst zu stillen

mit zart' Gefieder o gedenke mein
und lebte oft in Megacities
was überhaupt der stärkste Rausch, etc.«

für Edith S.
13.9.14

»grauer Morgen nein 1 wenig rosa ganz grau der Himmel, und dann, <u>wie mit Rosen</u>, ich stehe am Fenster, eine Formation Wintervögel im Osten. Ja, schon 1 Versuch v.Winter. »nächtens« : vom Kalender abgelesen, lauter Schwalben seh' ich in deinen Augen, von K. geträumt, von Schneebühel, Eitelkeiten, jemand nimmt mich in den Arm …….. du warst zu lange fort, mein Freund, ach kahlköpfige Einsamkeit. 7 Uhr früh, und Sonntagmorgen-Stille etwa, Lügenmärchen mein vergangenes Leben = dunkles Laub süsze Laub- oder Trauer-Wälder, neben mir flüstert es, sause durch heimatliche Landschaft. (Esther Kinsky nun ja. Auf einem Foto lachend, an der Schreibmaschine sitzend, <u>froschwärts</u>.) 1 »Färbchen« = kl.Farbe in einem Winkel und gebetet! während des Einschlafens gebetet für dich!, aus Rühm's Hugo-Wolf-Bühnentext exzerpiert …….. ich regrediere!, habe Angst dasz du UNTERGEHST. Und »slickte« = »sluckte« = »schluckte« = »schluchzte« (winzige Passagen in meinem Kopf und lila Fliederbüsche). Eine PRATZE, 1 Navigator = schöne Erfindung!, Pissarro / Miró, »Fenchelfein« in der Küche, <u>Abtransport der Gefühle</u>,

> ich meine damals in D. strich die Mutter die Wiese grün, oder damals in D. im Stelzengang stieg die Mutter die Sprossen der <u>Blütenleiter</u> hoch, strich die Dachrinne grün, usw.

Als ich damals nach der Preisverleihung mit einem Rausch v.Blumen im Arm und Marcel B. sie mir abnahm, ich meine diese Berauschung, und sprieszend, und nach Hause, etc. All deine kl.Schultern und Sandaletten, sage ich, Geste der Glorie, blättere gerne in Modejournalen (Gala-Kleid),

> mein abgewinkelter Arm wie geknickter Fluszlauf DES ABENDS«

14.9.14

»ach wie Knall der Morgentäufling ach wie kalt
der Morgenhauch, wie geflossen wie Ströme, ge-
flossen ach gestrandet : »Schutzengel« der Han-
nah Höch : ('s Höschen usw.) : die Fittiche nämlich
nicht aus seinen Schultern wachsend sondern zu
beiden Seiten der (Frauen)Brüste, statt Unterleib :
Rotschwänzchen-Gefieder ....

ist des Teufels mein Dahin-Hinken, nicht wahr, dasz die Träne mir schwärmte und schäumte. Eine Kochkunst dies Niederschreiben von Gedichten, den ganzen Morgen Wiener Klassik gehört ohne Beben, des Herkules .... du bist so triebhaft, klagte Ely als wir in Toledo und ich VOR DURST VERGING und nach einem Getränk verlangte. Die wortlosen = mannigfaltigen Bewegungen in meinem Kopfe sind wie Gemälde v.Pollock und vermögen es nicht sich zu frommen Lauchblumen = Formulierungen zu gestalten ....

(sie sei am Thema vorbeigeschrammt. So das
Urteil der Jury, usw.)
.... bin pleite!

HASE! HASE! suche Praktikerin nicht Wolkenfrau, weiszt du, 1 Hauch v.Rose, Flügel v.Sommer's Ende, flamme ich flehe ich dich Allee v.Apfelbäumchen sausen mir. Aufschlägt Nachsommer's Auge am Horizont, eine Kaskade v.Tränen, ich meine das Flügelpaar eines rapper's, die welken Blütenblätter der Bauernrosen im Glas, »Resignation füllet mein Leben aus« so Beethoven an seinen Bruder, »mit zart' Gefieder, o denke mein, verschleiert diese Stunden, nicht genug krieg' ich von dir, o fürchtegott der Wachtelschlag, habe eben den HIRT AUF DEM FELSEN fertig komponiert, 2 ideale Sätze übereinander am Morgen, weiszt du, in meinem Stirnhimmel ...«

                    du bist mein Efeublättchen
                    du willst meine Seele tauchen

und gotterbarm's! dasz ich am Brunnen hockte, damals,
Schlänglein zu Füszen, und lauter Schwalben seh ich
in deinen Augen

             (MEIN BÜRO AUF DEM FUSZBODEN, USW.)«

10.9.14

»und dann, wie mit Mohn, der Himmel :
Nachtstück durch unausdenkliche Wälder
= Georg Friedrich Haas, usw. <u>die Gerü-
che sind unersättlich</u>, indes blasser Wedel
v.Wasser ....

ich meine, mein überraschter Blick erhaschte den Moment seines Zusammenbruchs, indem er den schmerzensreichen Kopf einen Augenblick lang am Rücken der jg.Kellnerin barg. Also dasz ich begreifen konnte : Blitz v.Erkenntnis : dasz sie 1 Paar seien (tatsächlich 1 Paar sein muszten) .... ich war ergriffen es hatte sich so lautlos und RASANT ereignet,

<u>Halsband der perlmuttfarbenen Taube etc.</u>«

18.9.14

»komm und sieh : Halsband der Taube, 1 Ahornblatt wie 1 Leu, 1 durchlöchertes Lindenblatt (Liszt aus dem GRAMMO) mein Herz ist schwer, wie mit Mohn, der Himmel. Ich habe 1 Gedicht geschrieben für dich : es ist mit Resedengrün umwunden und es weint 1 biszchen weil es zu dir will in die schöne Stadt Basel wo ihr alle beisammen, nämlich ins Eiszapfenland des Januar, auf den Fuszspuren der Poesie, usw.

<u>bin des Teufels, weiszt du!</u>«

20.9.14

»Liebesbrief = Lido an Milijana Istijanovi's »temporary forever«-spatial intervention (2013)«

>»eine Blume oder Ringlein an deinem unteren Wässerchen (blau), trägst einen gelben Body. Die vorgezeichneten bloszen Arme und Keulenbeine ach, Quaste an deinen Schnabelschuhen. In zarter Levitation an Blüten-Tapete emporschwingend, nun ja schwarzen Pünktchen : als dir der Pinsel aus der Hand ich meine : sich aus deiner Hand PEITSCHTE ebenfalls, solch Farbstifte = -schiffe, »eine Träne« v.Mussorgski : Montenegro .... wieso hast du gewuszt dasz es 1 Liebesbrief ist? (Dalí malt Gala mit einer Kotelette auf ihrem Scheitel) .... Splitterchen auf dem Kellerboden : Holzkiste »Gestell« : urinfarben. Ins Bild tastend 1 Baum : zitterndes Bäumchen mit runden Früchten. Auf der Zunge halbe Aprikose also ich konnte dich nur schlecht verstehen am Telefon, deine Zunge : Saft einer Aprikose damals. Die letzten Tage des Mai, donauwärts, weiszt du, Helm oder Glasglocke auf deinem Haupt, usw.

> wie aus / getröstet,
> eine Fermate auf deinem Bett,«

24.9.14

»eine Träne. Eine Umnachtung. 1 Kirschenpärchen am Fenster. Mit der Zeit. Damals an jenem Morgen, in der Dämmerung das rote Zettelchen an der Stehlampe = vielleicht eine rote Malve, ach du hattest Geheimnisse vor mir, während ich am lautersten am treusten mich öffnete : mich erklärte vor dir, am Morgen in der Dämmerung, immerzu sinnend, mich selbst betrachtend : dies der Grund meiner Erinnerungs-Losigkeit : mich selbst im Visier usw., ja ich meine stundenlang tagelang an einen einzigen Satz denkend, einen einzigen Satz schreibend (Café Jelinek(+))

.... ich meine dasz sie (halt) so herumstehen die Freunde und durcheinander wandelten, weiszt du, und fortfliegen wie die Schwalben und wann werden sie wiederkommen, indes .... die moderate Demenz usw. Als ich Besuch bekam, ergab es sich, dasz auf dem Tischchen an dem er sasz gerade noch Platz für eine Teetasse war ich meine dasz ich meinen Gast mit einer Tasse Tee bewirten konnte. Rasend vergingen die Morgen, sage ich, verraste der Morgen, neuerdings. Brach dann auf in die Wälder des COBENZL wo die Maiglöckchen Fluren, weiszt du, indes teufelte drauflos und überreichte ihm einen Strausz Maiglöckchen welche ich unter Tränen, auf dem Cobenzl grauft hatte, lauthals : 2 Rucksäcke im Wald (nachts) : nach Holzschnitten von +++ .... (»Sie haben sogar dort 1 Fliederchen gesehen wo kein Fliederchen war«, so Juliane K.), ach Flanke des Himmels, Kolosse sprieszender Berge, sage ich, sinnend, betrachtend, nämlich durch Fluren hetzend, Löwenzahn und Rosetten köpfend. »An mein geliebtes Geistlein!« .... eine Ameise in der Schublade : verwirrt,

(der innere Film gerissen. Der Mistral zerfetzt mich,)«

30.9.14

»ich gehe SAFRAN in der Wohnung ICH gehe flehend gehe flehentlich in meiner Kammer ich will nicht sterben ich weisz nicht was für 1 Zustand wenn mich der Schlaf umfängt. Bei völliger Dunkelheit gekritzelt : »wie war mein letzter Gedanke gestern vor dem Einschlafen etwa : Katzen sind scharf auf Menschenaugen, bandagierte Rose nach dem groszen Regen etwas trompetend in Nachbarwohnung sitze in Strass-Kostüm am Fenster bei Nacht starre auf blaszgelocktes Wölkchen, zierliche Warze auf Handgelenk (im Bette und auch gekleidet, Angelika K.'s Foto mit bloszen Brüsten ach zwischen den Brüsten mein erstes Buch als würde sie es lieben im Meer, mein Liebling : Lieblingsbuch mit blauem Lesebändchen, die klassische Moderne nämlich, oh

bärenstarkes l'art pour l'art, (bist Halb-Pflanze«) .... rase in die Tonkunst, paar Gliedmaszen fehlen mir = so gehst du mir ab, usw., einen Augenblick dachte ich, eine Blume zu pflücken indes ZIRPTE etwas in meinem Kopf, weiszt du, also los, Erblühter (JD), gepuffte Rose : dein süszer Schlaf : nur Nase und Augen (hervorbrüteten) ....

                  (die sehr parnasse Frau) : ich sasz
                  wie meine Mutter den Kopf in die Hand
                  gestützt was 1 Foto aus ihrer Jugend.
                  Ich meine DEKLAMIERTE.«

6.10.14

»der Feenspuk, so JD, nur irgendwo sitzen ich meine bukolisch. Irgendwo sitzen und lachen, ich meine auf einer Bank, auf dieser Bank vor dem Schuhgeschäft, il giardino in deinen Augen. Es war mir als wollte ich die MUSIKEN buchstabieren …….. diese unerkennbaren Figuren die durch meine Träume ziehen, woher kommen sie wie setzen sie sich zusammen ich habe sie nie gesehen, gefühlt, da es Skabiosen regnet, etc., Pierrot, flüstertest du, als du die Buchseite umblättertest, ging der Satz nicht weiter, mittendrin abgebrochen der Text wie bei GLAS von JD, Spruchweisheiten mag ich wenig, weiszt du, in diesem Weizenfeld standen wir mit den plötzlich aufgetauchten Freunden aus Amerika aber ich war abgespannt und ich hatte Mühe so lange zu stehen und zuzuhören nämlich schnaubend. Ich liesz mich also fallen ins Weizenfeld, sage ich. Steril ist so wie SANKT = St. = so merke ich mir dieses Wort genauer, die Physiotherapeutin legte ihre Hand auf mein HAUPT dasz es sich erwärme und der Schmerz schwinde. Wie innig muszte ihre innere Wärme sein, dasz sie so viel an mich abgeben konnte …….. tagelang die Vorhänge nicht weggeschoben die Fenster nicht geöffnet, abgeschottet von der Welt habe ich mich, ach unter Tränen die Olivenbaumblätter im Traum die Karnischen Alpen. Vielleicht bin ich verrückt, sagt meine Mutter 1 paar Jahre vor ihrem Tod, was ich ihr auszureden versuche. Habe ekstatisch 1 paar Gliedmaszen verloren so nämlich gehst du mir ab ohne Arme und Beine du fehlst mir sehr, andertags dieser Schwarm v.Tränen wo bist du? Wind arbeitet an Wolken, Spitzenblüten im Fenster = (des Gewissens Geheimnisse),«

12.10.14

»wenn ich sitze sitze (Küche) nach vorne gebeugt und Silbertanne stürzt aus meinem Auge : aus dem Gedächtnis, nämlich, kratze dann den Rest des Waldhonigs v.Teller nicht wahr Wildente, Wildwuchs gelbe Perle Mimose .... 1 Stückchen Banane Waldbeere Traube was für Farben! Dominosteine weiszt du, denke an Roberta dasz sie den Fellmantel ihrer Mutter (welche von einem Auto überfahren) an eine Freundin schenkte : 1 Schock eine Träne 1 Tropfen Blut im Fell usw. leise leise die Locken wachsen dir an die Braue die Schere der Tamburin und knieest vor den Frösten da in der Pfütze die Ästchen, nicht wahr und schreie »ÄSTCHEN!, ÄSTCHEN!« – und du beginnst zu lachen und mit deinem Fusze schleuderst eines der Ästchen ich meine <u>Dirigat des Schicksals</u> (ich brenne. Bin deine Mieze oder Puppe il giardino in deinen Augen ach im Gewandhaus meines Wahns usw.) nun ja wie S'NEE und dergleichen .... der Wagen blieb an der Ausfahrt stehen (»da die Sterne, blinkten«), ich blieb ebenfalls stehen und wir blickten uns an : <u>solch 1 Ischl!</u> sodann dieses Sittenbild an Sommer's Ende, oder was.

1 himmlischer Hinweis oder eben das Neuaufsetzen v.Kappe, nähen innen und putzen. Auch hatte ich meine Freude daran : <u>an dieser Gala</u> : dasz sie = Angelika Kaufmann zitternd wie Cy Twombly über den Rand des Blattes hinaus wimmelte was mich entzückte ....

ich meine 's Gedächtnis-Ohr einschlafend, schlummernd, »<u>zwischen</u> ....««	Juliana Kaminskaja kam auf mich zu und sagte, Sie sehen aus wie Ihre Gedichte,

23.10.14

»in einem Becher Kornelkirsche oder Hagebutte rotes Köpfchen, und falte die Hände dann haben die Krähen ihr schönes Schauspiel am Himmel aufgeführt usw., es war mir als wollte ich die Musiken buchstabieren indes, regnete es Skabiosen, da es Skabiosen regnete, weiszt du. Die Physiotherapeutin legte ihre Hand auf mein Haupt dasz es sich erwärme und der Schmerz schwinde : wie mächtig muszte die Wärme ihres Körpers sein dasz sie mir so viel davon abgeben konnte ……. Schlafmütze du!, schlieszlich eine Hostie verschluckt, JD, nackter nasser Fusz trägt Kopftuch, jemand sagte mir im Traum er habe 153 mal in seinem bisherigen Leben gebadet dann lugte er durch den Türschlitz oder Judasloch was mich alarmierte, wie oft die Sonne in deinem Kopf geschimmert : geschwelgt, FALTE DES LIDS, so Marcell Feldberg. Als ich mir den Finger. Mich in den Finger. Ich meine schlachtete hob ich die verletzte Hand ans starre Auge und schrie »nein! nein!« weil es waren diese Klatschrosen (der Trabi damals), etc.

für Susanne Neumann : ich meine Liebesakt da du mir die Schreibmaschine repariertest, was flossest du da herum in meiner Mundhöhle, il giardino in deinen Augen ach Himmelchen (Tal der Tränen) es ist unglaublich!, ich hatte diesen BILDSCHÖNEN Abend zu Bett gebracht. Ach die Jungs! : die Sanitäter maszen mir den Blutdruck, des Gelöbnisses der Sanitäter, der Wasserdienst des sizilianischen Wasserhündchens, 1 Mezzosopran auf der Wiese, sage ich, lachten wir sausten wir : aufschlägt Nachsommer's Auge am Horizont …….. habe heute Fauré gehört, habe die klare Träne / ach was! dasz ich in groszer Ferne nur paar Worte am Telefon, Blitze v.silberner Sehnsucht, weiszt du, ich meine …….. 's Gedächtnisohr, 9 Uhr abends einschlafend, schlummernd, bin

von Sinnen,«

27.10.14

»ich meine es nimmt mich wunder seit etwa 6½ Jahren lese ich in GLAS von Jacques Derrida. Das Buch ist zerlesen sein Leim oder Leib hat sich aufgelöst es ist empfindlich wie Glas : eine Lieblingsfarbe (vorher war es DIE POSTKARTE von Jacques Derrida in welcher ich täglich las. Weil ich sie immer wieder verlegte, muszte ich sie 3× wiederkaufen etc.) Aber zurück zu GLAS was Totenglocke heiszt. Ich erlebe Wunder mit GLAS was mein Schreiben angeht : ich schlage das Buch z.B. auf Seite 142 auf und erblicke 3 Kolumnen geheimnisvoller Texte. Links die Anstrengung v.Hegel, mittig das Zitat eines Jean Genet Textes (»wie ein Tagebuch eines Diebes, das man in allen Richtungen wird durchlaufen müssen, um dort alle Blumen abzuschneiden oder einzusammeln«) und rechts, in Kursivdruck, nierenwärts, nochmals ein Zitat von Jean Genet. Nun ja, GLAS ist mein Morgengebet : ein Wort eine Wortfolge macht, dasz ich anfange in mein Zeichenheft zu schreiben : ich lasse mich anstecken von dieser Sprache ich erbreche mich ich erbreche Gemüt und Gedanken in höchster Erregung etc. Auf Seite 289 endet das Buch mittendrin mit dem Wörtchen »von« : ein herzzerreiszender Abschied. Ich fange an das Buch nochmals zu lesen, es liegt nachts auf meinem Kopfkissen und ich liebe es …….. doch doch diese Autofahrt nach Hause : sanft wie wenn ein Schlitten über festgefrorenen Schnee. Es ist das Honiglecken es ist das Geweihte es ist der Duft dieses Buches es ist ein Taumel von Sprache. Zu meinen Füszen die kl.Rosen es war 5 und ich wollte den Schlaf beenden um weiterzuschreiben,«

30.10.14

»an meinem Morgenfenster«

»verschlucke die Hostie ach abgeholzter blonder Wald, über dem Esztisch die Unterlippe (DALÍ). Ich style mich, meine Frisur, ich rätsele welcher Tag der Woche, blicke beim Erwachen auf meinen Traum zurück als blickte ich auf eine Landschaft welche ich durchrast hatte, ich frage mich, damals als ich dieses Gedicht schrieb, wie es changierte. Ich meine Ausstosz der Worte : ich liesz schon damals die Tauben flattern, ich phantasierte »ein Morgenfenster« : »mein Morgenfenster« – das es nicht gab usw. Das Sentiment zu flach : hatte ich mir selbst zugehört? : keine Tiefe : vermutlich ein schlechtes Gedicht. VIGNETTEN : ich schrieb Vignetten der Mond als »jubelnder Gast« : so darf man nicht schreiben : das klappert nur, kein Fleisch (des Gedichts) obwohl, ein realer (wenngleich ungenauer) Schatten nämlich der überlebte Krieg (»geborstener Helm meines Kirchturms«), geschrieben am 18. August 1946, da war ich 22, hatte noch einen langen Weg vor mir, usw., war romantisch war Solitär. Nun ja, ich fuhrwerkte die längste Zeit mit Eros, Blume und Reverie, immerzu diese BILDSCHÖNEN Marginalien, zu Füszen (Klatschrose, Delirium), Falte des Lieds (Lids), »zu jedem Datum ein Blutstropfen«, JD.

    In der Jetztzeit versorgt sein (»ich bin versorgt«). Indes, er fotografierte sie : damals mit meinem ersten Buch zwischen ihren bloszen Brüsten. Ich hatte meine Freude daran : diese GALA : Angelika K. wie sie beim Zeichnen über den Rand des Blattes hinauszitterte, während die Zapfen ich meine der schüttere Wald usw. und wir tasteten nach den neuen Tugenden,

(ich dachte an Cy Twombly),«

1.11.14

»agnus dei die FÜSZCHEN zusammengebunden, 1 Büschel weiszer Blumen im Mund (mit dem Handrücken die Augen wischen, ich wache mit einem Lächeln auf indes mein Fusz über steinigem Präteritum usw., das kl.Plastik-Lamm in seinem Ställchen steht zwischen verfaulten Himbeeren und krausem Ostergras weh mir ich sah zu wie die grüne Knospe der Amaryllis sich zu entfalten begann da hielt ich den Atem an, Aufbahrung einer toten Biene in einem Handtuch das ist unglaublich, bukolisch nämlich bin zerfetzt. 2 Diminutive nacheinander das geht nicht. Die Knospe der Amaryllis hat über Nacht eine rote Blüte hervorgebracht das ist unglaublich .... ½ öffentlich Walküre .... bin heute einen Kilometer in meiner Wohnung herumgelaufen,) weh mir die Multiplikation der Flieder-Pelzchen auf meiner Haut usw.

linkes Fingerchen eingeschlafen indes, es donnerte, löffelte eine Mahlzeit, indes die rosa Malven im Morgenrot. Ich erwachte vom Bellen eines Hundes, aber war kein Hund da, hingewürfelt des Städtchen's Häuser darüber »die grosze Alpenkette« = Goethe. Da sitz' ich doch tatsächlich jeden Morgen in meiner Küche welche eine Gloriole trägt usw., schon trällert 's Vöglein die Trauermusik, weiszt du. Weh mir bin zerrütteter Mensch, weh mir, man behandelt mich wie ein Kind, weh mir die Todesnähe, ich meine es war ein Kahnweiler's Tag. Erschrocken blickten Sie mich an ich meine als ich mich mit den Worten »diese kl.Rosen gehören mir« verabschieden wollte : jemand hatte mir im Laufe des Abends dieses Sträuszchen geschenkt und in ein Glas Wasser gesteckt usw. die Bäume mit Augenringen …….. eine sich mir zuneigende Hyazinthe,

<u>ich meine der hl. Nikolaus</u>
<u>in Bari weiszt du</u> ……..«

für Nikolaus Brinskele
6.11.14

>>diese unsere Seilschaft, sage ich aus dem Schlaf heraus, das Plastik-Lämmchen wie Plunder der zerzauste rotbackige Apfel im Stall Franz Liszt zerreiszt mir die Venen. Was die Kunst dieser jg.russischen Dichterin angeht habe ich nicht so sehr ihre Sprache bewundert als ihre intime = verborgene Phantasie, aber das wurde nicht begriffen
....

<u>weh mir</u> was ich fühle aber nicht beschreiben kann (Beethoven), mein Schmerz geht in meinem Körper auf und ab manchmal hockt er in diesem manchmal in jenem Winkel da die Föhnwolken im westlichen Himmel erblühen und ihre Farbe wechseln, nach dem groszen Sturm in der Nacht die jg.Bäume gefällt in der Strasze, nicht wahr, ich sage »sieh doch die Ästchen« worauf du mich anblickst nämlich in Tränen .... es donnerte in meiner Brust und es blitzte in meinem Schädel und ich zerkratzte mir das Gesicht mit meinen schwarzen Nägeln, oder das Gewebe z.B., wie kl.Weinbeere ich meine der flatternde Rauch meiner .... da wir mit dem Wagen : an der HUNDEZONE vorüber »ich habe ihn in Barcelona kennengelernt usw.« <u>Weh mir</u> was für ein Zurückblicken (in kl.Stöszen) mein 1.Französischbuch in der Volksschule mit angenehmen Alltags-Skizzen : der Fleischer, der Hund, das Automobil, der Radfahrer, die Laterne : »dans la rue« <u>ach wie das entzückte!</u> – Nach einer halben Seite bin ich DOOF = nachdem ich eine halbe Seite geschrieben hatte .... dieser Zusammenbruch weiszt du, 1 offenes Wirtshaus, als Ely mit nassem Gewand : er habe den Drang nicht mehr zurückhalten können, mein Gott / wenn ich in GLAS lese, empfange ich einen Text den ich selber gern geschrieben hätte, ich bin gerührt weil der Schatten der Dichtung des JD auf mich niederfällt = auf mein Gemüt usw. bin entzückt und entflammt während drauszen die Flugzeuge und Böen, sage ich, nämlich so bläst der Wind in meinen Eingeweiden

(weil er mich so widerzuspiegeln suchte, fiel es mir zuweilen schwer ihn zu ertragen ……..) ich schlecke mit rauher Zunge die Krumen vom Tisch, ach wie einzelne Beeren einer Traube mir in den Schlund büscheln und ich nach Luft ringe ich meine,

TONSUR,«

7.11.14

»prompt war ich 13, 's Fäustchen gegen 's Mäulchen gepreszt :
nein! 2 Diminutive hintereinander : das geht nicht, stelle mich tot,
schliesze die Aug'n »WIE ERROR« auf Blutdruck-Meszgerät (war
ich konfus, usw.), ach frühlingszartes Böcklein in meinem Traum
beim Augenaufschlagen pastoses Dunkelrot meines Matrosenkleids
…….. war Kampfflieger im 1.Weltkrieg, die Rehkitze der Sonne im
Waldzustand usw., Hamsterrad ZEIT, der Mond als Vignette, weiszt
du, und pflanzte Hortensie vor deinem Sack, nun ja 1 Dämmerschlaf :
1 Samariter mit Halstuch im »Kl.Café«, Nachtlippe rot (gerissen)
v.Bernadette Haller, Jean Genet in der Vase ich erinnere mich,
<u>Gartenschminke</u> in zierlicher Luft usw., diese Tränen-Literatur,
herzliche Grüsze mit Rittersporn ich meine LUNA!, die Kältepunkte
an deinem Körper deine offenen Arme wenn wir uns wiedersehen!,

    hör mal! es war etwa so dasz ich las von deinem Angesicht
    : die hingeleierten Blumen nämlich dasz ich erschrak und
    <u>dahinsprang</u>. Habe pausenlos die Landschaft gesehen : Ge-
    birge Täler und Weiden Matten Mirakel der Sterne (Domino)
    Geste der Glorie …….. den geliebten <u>räudigen</u> Christbaum
    vom Vorjahr auf dem Tischchen weiszt du, <u>dein Sinnieren</u>,

<u>ich hab' den Knall</u>,«

9.11.14

»mir träumte ich VERSANK in deinem Augenpaar das so aussah

in deinen schönen groszen Augen schwebte je 1 Rechteck in welchem sich Märchenfiguren tummelten .... dann bist du weggelaufen mit den Worten »musz ans Theater den XERXES singen«. Weh mir ich hantelte über das Meer und hörte die Oper Xerxes v.Georg Friedrich Händel (sie fragte, denkst du noch manchmal an Georg H.)

lauter kl.Honeggers, »es ist zu früh um das Etamin zu betrachten«, JD, Mama nähte mir Kleidchen aus Etamin, als ich klein war nähte Mama mir Kleidchen aus Etamin .... habe heute lange geschlafen und viel geträumt : hättest du mich nicht geweckt wäre ich hinübergeschlafen ins Räuschlein = in die Ewigkeit usw. Wir telefonierten meistens am Morgen (aber mit Händen voller Blumen, JD), ich will dann immer etwas erfahren von dir aber du sagst, ich kann nichts erzählen am Morgen ich habe noch nichts erlebt!

dies Alpenglühen entglitt meiner Hand, diese Moose in Irrsal an der Schwelle des Hauses in D.

Soletti auf dem Küchenboden 1 Katzenteller, wenn du auf TRIP bist wenn du mich herzest dasz ich beinahe den Verstand verliere, die hingeleierten Blumen und im Fenster 1 Regen. Hör mal es war vielleicht so, wie 1 Veilchenregen, fleur in der Dusche. Damals in den 50er Jahren als wir die Schriften von Konrad Bayer zum 1.mal lasen, sagtest du »ich verstehe kein Wort, usw.«

die Schwalbe dreht auf Süden die Büsche welken ich hatte doch den lb.Bergen gewinkt an jedem Morgen vom Fenster aus, der Tau im Gärtchen, Widerhall der Empfindungen ich meine wohlgefälligst LUNA und Ästchen der dünne Faden deiner Stimme aus weiter Ferne. Am Morgen »Ausgieszung des hl.Geistes« v.Arnulf Rainer 1952 Aquarell auf Papier, usw.«

14.11.14

»eigentlich wiederholt man sämtliche Liebes-Tollheiten eben egalen Liebkosungen immer wieder an allen Geliebten z.B. den Bärentatzen-Tanz : ihr seid beide nackt der Geliebte stellt dich auf seine nackten Füsze und tappt mit dir in der Stube herum, auch du mit nackten Füszen auf den nackten Füszen deines Geliebten ach mit puffenden Ärmchen deinen Geliebten umhalsend (ich meine was ich mit puffenden Ärmchen dir hier auftische, nicht wahr), »es ist zu früh um das Etamin zu betrachten«, so JD, damals mit dem kl.Hund unter dem Arm standest du in der Tür, strahlend, Sittiche, so, lichtgrüne Chimäre, ich meine LUNA und Ästchen etwa, düstere Position einer Schwertlilie, sagst du, ich meine Verführungskünste der Blumen, Moose v.Irrsal und wohlgefälligst, 3 schimmernde Zitronen in gelb-Variationen aneinandergeschmiegt auf dem Fensterbrett sehr geschwisterlich, habe winziges Insekt verschluckt, dann ins Café Jelinek, ach Mondaufgang über Ebereschenwald usw., weh mir mein schwimmendes Auge auf Reisen, die (meine) Innenstimmen. Erinnerst du dich : die Lilienspeise, einmal zum Osterfest, dasz ich dir ein Lesepult, ich meine ich brachte dir zum Osterfest ein Lesepult dasz du im Stehen wie Johann Wolfgang v.Goethe (musz viel weinen weil mir alles abhanden kommt : die Gosche eines Wirbeltiers, weiszt du, die Füchsinnen die Lieblingsbücher die weiszen Fittiche der abgefallenen Lilienblüten ich meine SCHNURREN : Schneerosen im Winterwald ……..)

ich sage zu Cornelius Hell, ich habe Sie vor vielen Jahren in der Innenstadt getroffen, Sie haben mir mancherlei erzählt auch dasz Sie eine kl.Tochter, ach dasz Sie sich daran erinnern, sagt Cornelius Hell. Ja doch, an jedes Wort an jeden Atemzug später ein Anruf v.Elke Erb : es tue ihr leid dasz sie mir damals die russischen Übersetzungen nicht vorbeigebracht habe (welche sie mit Martynova geschrieben habe), ich war betroffen von ihrer Fabelkunst im FRÜHJAHR, sehr Kleefeld v.Mai, auch sterbender Schwan = Orkan usw., der Ethos der Künste, so Elisabeth v.Samsonow, dasz der Schatten des Bouquets sich auf dem Fliesenboden (abzeichnete), ich meine wie dunkle Vöglein deren Schnäbelchen die Blütenblätter nachahmten,

        Sirenen, nach Hause
        eben manche Kindheit in den
        Bergen, nicht wahr,«

5.12.14

»bin schon mehr drüben als hüben, sage ich, die Berberitzensträucher leuchten, das Gelb der Mimosen, 1 Quell meiner Tränen, 1 aus dem Nest gefallenes Vöglein in deiner Hand, traumlose Nächte. Pomeranzen der Frühe, stehe vor dem Abgrund, weiszt du, schon zieht es mich hinab, usw. Ich mache schlapp ich saufe ab schon wittere das Ende = wie schrecklich das ist (waren oft auf dem Bisamberg, und Cobenzl, nun ja das Zünglein der Nacht wie es mich leckt zu jeder Stunde was ich geschehen lasse, vermutlich bin ich 1 Exhibitionist) ....

ich presse meine Wange auf deinen Handrücken ich meine 1 Keuschheitswahn usw., weisz bis wohin ich gehen darf. Er zeigte auf meine Garderobe am Fenster und fragte, sind es besondere Kleider die Sie hier aufhängen, nein, sage ich, Käuzchen, kurzärmlig, nämlich mein Kleiderschrank = kurzärmelige Knochenstümpfe, Apfelsinen im Fenster, 2 schimmernde Zitronen, aneinandergeschmiegt auf dem Fensterbrett .... wochenlang pensée was Stiefmütterchen heiszt oder Gedanke, weh mir nichts geschah oder alles, wir sind gesellschaftlich nicht integriert,

wenn der Abend niedersinkt, sage ich, habe ich Angst auszugehen (in Erinnerung an Mama's Zustand in ihrem letzten Jahr »sie geht nicht mehr aus!« also gehe ich nicht mehr aus was ich bedauere, indes ich früher mit offenem Mund die ALPENLUFT ich meine einsog sobald die Komposition eines Finken, mich ins Freie (lockte) ach des Stiefmütterchen's zarte violette Backen) .... Vater's Korpulenz : 1 Pechnelke in seiner Hand.

nun ja wollte es verschlingen (dies Bürschlein)«

13.12.14

»es war 1 blütenwehender Weihnachtstag, bin zu Arzt mit gezeichnetem Körbchen <u>nachts schwimmt Zahn im Munde</u> während Freundin nimmt ALSO ihre obere Prothese heraus usw. …….. deine Seele eine Weihnachtsglocke : hörst sie <u>scheppern</u>? …….. da stand er dann mit der blauen Mütze während ich im Auto schon davonfuhr : im Auto <u>dahin startete</u> und winkten beide einander zu indem ich meine Hand gegen die Scheibe preszte = aber als ich den letzten Blick an ihn heftete, blickte er 1 wenig streng und in irgend GEMÜT verloren dasz ich erschrak + so nahmen wir Abschied, wer weisz ob die Abschiedswolke …….. (für Luigi Reitani), Aufbahrung einer erstickten Biene in einem Stoffrest, weiszt du, 2 Diminutive hintereinander : das geht nicht. Die Knospe der Amaryllis hat über Nacht eine rote Blüte hervorgebracht das ist unglaublich. Ergriffenheit und Zauber der ewigen Menschwerdung, sagst du, die LIEBLICHEN Blumen, er stand auf <u>Jod</u> es stand auch Jod auf dem Tisch ich meine mit den Löffeln Gabeln und Messern (<u>oder Masern</u>), nach Robert Walser »der Teich«, endlich auf dem Strausz der Seidenblumen nämlich der künstlichen Lilien entdecktest du eine natürliche <u>Fleischfliege</u> welche du mit <u>Versilbung</u> betrachtetest = le kitsch. Habe Delirium gehabt, sagtest du, der Todeshirte auf dem Küchenboden ……..

(blaue Anemone)

    + das Knospenhafte, dei-
    ner Psyche, weiszt du«

22.12.14

»als ich heute erwachte fühlte ich mich lächeln. »Im Westen nichts Neues«, sie las uns in der Deutschstunde daraus vor, die Wupper, sagte sie am Nachhauseweg, wir werden die Wupper einstudieren. Wir waren damals noch jung aber wenn wir die Berge bestiegen, nahmen wir unsere <u>Wanderstöcke</u> (zur Pasterze z.B.), ich hatte Schmerzen trotzdem machte ich eine tiefe Verbeugung vor dem Publikum, weiszt du, es schien mir zugeneigt ich meine zugeweint, usw. Titzi N. kam auf mich zu und umarmte mich. Von Bastian S. hatte ich lange nichts gehört, dennoch belieszen wir es dabei, einander nur aus der Ferne zu grüszen : indem wir einander lange Briefe schrieben, 1× erwähnte er, dasz er nach Köln zurückkehren wolle was kein Bedauern meinerseits auslöste – indes dieser Umstand mich wunderte : er war 1 kluger freundlicher Mann : 1 jg.Dichter. Einmal sahen wir uns von ferne, winkten einander zu, fühlten jedoch kein Bedürfnis, aufeinander zuzugehen ………

die englische Sprache war <u>eine alte Liebe</u> in mir aber ich konnte diese Liebe nicht wiederbeleben : die Liebe zur französischen Literatur, zur französischen Sprache (welche ich leider nicht beherrschte) nahm immer gröszere Dimensionen an, mir träumte, wie früher in meinen Jugendjahren das Englische, nun das Französische : also ich hatte mich in die französische Sprache verliebt. Ich überlegte : welchen Titel sollte ich dem 4.Teil der Tetralogie geben? ich verfiel auf »lune« oder »amour« oder »bourgeon« oder –

»rat« (was »Ratte«
bedeutete) ich meine
wollte ich meine
Leser düpieren?)

(das »ü« von düpieren kam zuerst in »reüssieren« vor nämlich in »Hütchen« und »prüde«) ……..

wir mögen uns nicht aber wir beschenken uns, ja, wir überschütten uns mit Geschenken, das ist unglaublich

> (der Schatten von LAPIN hoppelte die weisze Wand neben meinem Bett hoch und ich. Eine Pratze. 1 Navigator. Abtransport der Gefühle.)«

30.12.14

»als der Schmerz nachliesz, sage ich zu Ely, als der Schmerz vogelfrei wurde, war mir's als ginge mir etwas ab. Aufbahrung einer erstickten Blume in einem Stoffrest welche du mit Versilberung betrachtetest, le kitsch, ach ihr kl.rosa Lieblinge, die Ekstase der Hollerblüten .... in welchem Jahr ist es gewesen da du mir schriebst du würdest HERMÈS tragen, frage ich Valérie B., bin Kloake, habe im November 1 burn-out gehabt. Eine Islamisierung Europas steht bevor, sagst du (und ich erbebte), aber zurückkam nach ¾-Takt immer noch weinend : er mich in den Arm nahm und küszte, bin pfiffig Liebster die Anemonen im Glas : Köpfchen wehend, das SW-Fenster mit Tüchern verhängt : die Sonne zu bannen .... da rissest mich an dich damals beim Abschied ich war beglückt deine Zurückhaltung war gewichen dasz es erschreckend, deine Worte »ich werde Ihnen nicht zweimal sagen : »ich liebe Sie«« – ich türmte in eine Zukunft (vor welcher ich mich aber fürchtete). Mir träumte Vater's Korpulenz : eine Pechnelke in seiner Hand usw.

(indes mein Naturell) : ich fauche : bin GEPARD welcher faucht und welch Malheur .... lauter Schwalben seh' ich in deinen Augen

        weh mir man hat nur noch wenig Zeit, 1 Basis-Schmerz, bin

konfuser Laune, indes die Rose trägt 1 wildes weiszes Kleid so dasz MEINE SOCKE gleicht deinem Angesicht …….. als ich klein war als ich klein war hielt ich ihre Hand, jetzt da ich alt bin halte ich deine Hand du Anker meiner späten Jahre. Der Erdkreis eine Rosenknospe. Ja mein Schamane, dasz wir erschauerten, »blurred window« du wirst mir heute sagen ich bin so leer da waren doch diese Stockbetten, weiszt du, die Zwillinge mit je einer Braut im Arm, weiszt du, die grosze Liebe. Bin entzückt und musz weinen : dein Brief der Goethe dein Ibis deine Klapperschlange, derzeit eingegraben in 1000 Briefen usw., dazu riesigen Zahnschmerz. Wie lebst du? steigst du in die Berge (voll Schnee), das Tor des Kusses, weiszt du, ich gehe mit dem Wanderstock, in meinem Wahnsinn 1 Zitronenpärchen auf dem Fensterbrett,«

11.1.15

»hängt ein Prachtstück : ein Leichentuch. Und kein Mensch weisz überhaupt noch wie du aussiehst, diese Flamme die leuchtete uns : der Liebe : der Liebe (nämlich die Anstaltstage, weiszt du) ach die Lämmlein im blauen : die zarten gelockten, Glocken an ihrer Brust, und hast mir Proviantdose für unterwegs geschenkt, wie einst Mama sie anfüllte mit gekochten Eiern und Brotschnitten wenn wir ausschwärmten »ins Phreie«, auf einen Ausflug = einen Trip auf den Kahlenberg …….. (eben mir noch im Traum erschienen kommt Mama zur Tür herein, umarmt mich. Ach 3jährig mit Groszmutter im Rubenspark, indes Vater uns fotografierte) weh mir, bin Narzissus, liesz ich mir ein neues Gebisz usw., sage ich zu Georg W. »ich habe auch einmal einen Georg gehabt! : stattlichen liebevollen, und ich sage zu Sabine = seiner liebreizenden Frau, wo sind deine Zöpfchen, blonden tirolischen Zöpfchen? du mit deinen BLUTROTEN ich meine LIPPEN wie Aquarelle, also triefend, und weiszen Zähnchen dahinter. Ich : solch Mischung aus Mitgefühl und Reserve = X. gegenüber, etc. »will mich nun ganz zurückziehen«, 1 Basis-Schmerz. Mit Mutter am Gartentor, damals. Desgleichen. 1 Halm in deiner Hand als hieltest du eine brennende Kerze : sehr andachtsvoll, nun ja, will Beichte ablegen : dasz ich damals wie 1 Stück Holz (wie 1 Stein) weh mir wenn ich mit ihm liege, und lag ……..

> du mein Räuchlein = kl.Rauch! in
> einem Kübel die Winterstiefel! im
> dichten Laub 1 Äpfelchen!

(einzige) gebirgige Seele am Morgen : am offenen Fenster stehend, oder gekrümmt – ich bin 1 toter Mann! wie grau der Himmel und dann mit Ruten … Diese besonderen Affekte! : dein Veilchengesicht nämlich Ahnung v.Vorfrühling (= Ende Januar) da die Stimme einer Amsel das neue Wunder verkündet, im kahlen Baum usw. Ach, wie weggekauert : wie schön : diese halbierte Zitrone : wie Sonnenrad auf dem Frühstückstisch, lege dann die Wörter an wie Dominosteine bis 1 langes vielgliedriges Gebilde entsteht das mich mit Vergnügen erfüllt : <u>plaisir</u> usw. Ich meine unter dem Küchentisch an dem ich die Mahlzeiten einnehme 1 Abfallkübel also vom appetitlichen Tisch in den Abysz etwa, so nah Liebreiz und Abgesang was mich wundernimmt. In die reichlichen Blumenküsse damals in Bad Ischl hatte ich dich hineingezaubert, weiszt du, während ER nachschleppte seinen totalen Heiland

(<u>dasz du das Halskettchen</u> ……..)«

18.1.15

»wie intelligent solch 1 beschädigter Zehennagel : dasz er erst abgeht wenn darunter 1 neuer gewachsen .... mit meinem DEO .... 1 völlig verwelkter Blumenstrausz (chamois / bist Rauschkind?) : in den Nuancen chamois, beige, violett und grün (von beiger Neigung sein Ohr bevor er starb fahles gelb sein Arm usw.). Eine sterbende Anemonenblüte läszt sich an ihrem Stiel in die Tiefe sinken = Stilleben Tod. Im Traum trug ich Schürze und Cardigan, Kombination ungewöhnlich, im Fenster Leichnam einer Biene, meine eingezogene untere Lippe weil fehlendes Gestirn = Gebein usw. 6 Uhr früh 1.Schneesturm des heurigen Winters prominenter Januar, die Wunde in meiner Mundhöhle schmerzt und blutet ich meine eine gestorbene Teerose und dgl., mein Bibliothekar mit einem silbernen Buch an der Stirn à la Giuseppe Arcimboldo,

»ich wünsche dir dasz du gesund bleibst <u>und rosig oder honigbleich</u> noch viele Jahre Wort für Wort und glücklich«, so Andreas Grunert,

<u>in seiner Luna hingerissen!</u>«

für Andreas Grunert
19.1.15

»da ich kabelte GIUSEPPE DES MONDS und die beschneiten Berge sich in den Traunsee stürzten = solch süszer Tod usw. Ach Krüppelchen (ihre letzten Worte waren »habe alles zugesperrt«). Wie damals als der Oberkellner in Bad Ischl mit dem Speisetablett über die Nebenstrasse zum Hotelgärtchen flitzte wo die Gäste nämlich die Auberginen in den Lüften da der Mond erschien über dem Flusz dessen Wellen, oder wie Andreas Grunert mir zuflüsterte »liebe F. bei deinem Anruf Ende September lag ich noch schwitzend und frierend im Bett, jetzt wieder gesund und kann dir demnächst wieder 1 paar Abbildungen schicken, hoffe es geht dir gut und die Zeilen für dein neues Buch für immer flieszen :

aus spärlichem Erdreich so fuhr das empor : die sich mir zuneigende Hyazinthe nachts da OB'N auf einem Berg die Bäume mit Augenringen ich hab den Knall,

GOETHE HAT OFT ABGEKÜRZT

»Sie können darüber nicken, sage ich, was mir geisterte, die Socke steif wie Stiefel, weiszt du. Als ob der Vogel rückwärts fliege, auf den Bildern des Andreas Grunert, weh mir ich sah zu wie die grüne Knospe der Amaryllis sich zu öffnen begann da hielt ich den Atem an«,

»der B. ist 1 gottverlassenes Schwein : er sagte er empfand Genugtuung als er die zerbombten Städte Deutschlands sah ....««

23.1.15

»privates Gedicht zum 25.1.15

damals in D. Fasanen und Schwalben, da
gingen wir noch nicht Hand in Hand, Fasanen
und Schwalben damals in D. Aber jetzt, liebes
Herz, jetzt wandeln wir Hand in Hand (mit
einer Träne im Aug) durch den knospenden
Vorfrühling. Mögest du dennoch heiter be-
treten dein neues Lebensjahr : den zärtlichen
Gartensaal .... Fasanen und Schwalben ach.
Die Welt ist 1 Kusz,«

24.1.15

»wie aufgebend ALLE SINNE wie bärtig aufgebahrt auf einer
Ottomane : 1 Foto aus einiger Entfernung. In Augennähe hie-
nieden sein Kopf zugenäht oder zugeneigt einem Kätzchen
im linken Arm, Sonne eines Barometers über seinem Kopf,
an der Wand, Zipfel einer Gardine im rechten Bildabschnitt,
(Toni Wille, Organist, fotografiert v.Lukas Beck)

hör mal : mit meinen Haaren schliesz ich mir die Trauer-Lippe zu,

                    (Fasanen und Schwalben in D., damals,
                    das rasende Bächlein wo Vater mir einen
                    Weidenstock / Wanderstab schnitzte. Im
                    Waldesschatten, weiszt du, ich sah's auf
                    einer alten Fotografie, mit Mutter und
                    Donnerblümchen. Lusthäuschen, Erdbeeren
                    im Gras, pustend Löwenzahn …….. oh ……..
                    lauter Schwalben sah ich in deinen Augen,),«

26.1.15

»damals in D. auf der Schwelle zum Sommerhaus 1000 Schwertlilien, Malven, Ringelblumen, Veilchen, Hyazinthen, Gauklerblumen, Lupinen, Carolinenrosen …….. ach wie lieblicher Film vor meinem Auge,«

26.1.15

»»du meine Blume mein Löffelchen
du meine Blume mein Wässerchen ...«

als wir (Kleinholz) in Ischl den blühenden Hang emporflogen, oder wie weggekauert .... ich sauge mein süszes Blut aus der Wunde am Mittelfinger = künstl.Saugen nämlich eine Art allgemeiner Saugnapf = JD, also Bewegung der Zunge des Munds der Gloriette. Bin verärgert dasz ich mich verletzt habe : etwas ist aus dem Gleichgewicht geraten, weiszt du, die Harmonie meiner Poesie gestört usw. Sascha klemmt die staubigen Pfauenfedern hinter 1 gerahmtes Bild von Linde W. Ach <u>ich löse mich auf</u> – habe die Hölle der Nachtstunden wieder einmal überstanden, 1 Tränenstrom, <u>man wird mich zermalmen!</u>   wir besuchen 1 Fado-Konzert und ich musz während der Veranstaltung ununterbrochen denken »die schöne jg.dralle Sängerin portugiesische Hure«, Hinterteil einer Passantin wie 1 kl.Tisch auf dem man einen Trinkbecher oder ähnliches abstellen konnte. »Du hattest coole Beine«, sagst du, »als du jung warst, hattest du coole Beine : PR-Beine«, sagst du,

in der APO Hansaplast gekauft habe mich in den Finger geschnitten. Indes Elfriede G. (†) sagte, »wenn du HELFERLEIN brauchst ...« was mich erregte, Bodo H. beschreibt meinen Vater als alten Mann mit wehendem weiszen Bart (welcher über den Kahlenberg schnaubte etc.)

»du mein Räuchlein mein kl.Rauch«

man hat nur noch wenig Zeit : dasz wir
erschauerten, sagst du, auf dem Fliesen-
boden 1 dürres Blatt wie geschwungener

Mund, oder Vogelschwinge .... 1 geringes Masz an Verschontheit, mich hungerte, es zwitscherte lieblich (im Januar ich konnte es durch die verschlossenen Fenster wahrnehmen ……...) das Alpenglühen in deiner Hand,
<u>mit 90 als Frau, ist man altbacken</u>,«

28.1.15

»auf einem Foto 1 Blumenstrausz der längst verwelkt und verweht. Auch der mit dem Blumenstrausz Beschenkte längst verwelkt verweht und verwandelt …….. ich schaue aus Vater's Augen, bestelle Kafka's Gesprächsblätter, nun ja, was sich so erbaulich angebahnt hatte zwischen uns versandete schlieszlich was mich wunderte Flügel schlagend. Silvie meldete sich nur 2× während der Saison, weiszt du, Weihnachten, Ostern, der blaue Wellenschlag und doch waren wir zart verbunden, nun ja, hatte lebhaften Traum : mir träumte, Erika T. in Paris aufgesucht zu haben, sie gab 1 Fest ich kannte die Räumlichkeiten. 1 Fetzchen bedeckte HALBWEGS die nackten Brüste eines party-Gasts (das linke Auge kleiner als das rechte usw.)

1 Böcklein : Bächlein, Böcklin in einem Winkel des Salons, ich beherrschte das Englische, 1 Motto nebenher geflüstert, in den rumpelnden Lüften eine unsichtbare Maschine, bin DRAMA queen, bin pfiffig Liebster sehe anders aus als ich mir vorkomme Liebster, Köpfchen wehend die Astern im Garten, bin Mittagsgespenst bin à jour ….. Fortsetzung eines Traums, oder 1 Traum im Traum
    ich war ganz baff

                              das geht nicht dasz du
                              einfach das Halskettchen
                              …….. die maszlosen Tränen,«

30.1.15

»wenn jemand mich zu einer Festlichkeit = Jubelfeier nötigt ist mir nach auskneifen (was soll ich denn sagen, wie viele Tauben : à la Henri Matisse soll ich denn mitbringen), ich renne weg oder ich schweige, ich nicke zu den Äuszerungen meines Tischnachbarn, ich studiere das Panorama der anwesenden Gäste, am Heimweg die zärtliche Mondrose …….. will Einsiedler bleiben : Berg-Eremit mit Kapuze Wanderstab und Laterne,

P.S.   oh ja vielleicht jubele ich 1 wenig wenn mir 1 Gedicht gelungen ist,«

7.2.15

»an der WC-Wand Schreibblock und Stift nämlich die 1.Zeile eines Gedichts, erst begonnen hat das Jahr, im Glas die weisze Blume. Auf der Ottomane das Hündchen schlafend atmet leise. Ach die funkelnden Sterne am nächtlichen Fenster ich. Schlappohren, er hört auf deine Stimme er hört auf Cristal ……..

         la lune = der Mond
         und Tränen der Liebe,
         IN ERLEUCHTUNG,«

7. / 8.2.15, 2 Uhr früh

»das geht nicht dasz du das Halskettchen. Als wir den blühenden Hang emporflogen. Du wirst mich heute nicht mehr anrufen die Schneeschuhe habe ich zur Tür gestellt Tom Schulz schreibt 1 Gedicht »Kirschblüten im Januar : liebtest du mich wie Schnee« usw., sägte ich das schöne Gedicht aus der Zeitung …….. wie weit du gereist, unsere Füsze in Asche, <u>speckiger Kuchen</u> dein Schlafröckchen weiszt du spaziert ohne dich, komm und sieh und gedenke mein, fluktuierend <u>mein darling</u>! 1 Löffelchen auf dem Fliesenboden in Berlin sprangen wir über die Regenpfützen : einander in die Arme, indes ich ertrank auf deiner Zunge also erblühten die Hyazinthen, <u>die Haare mir zu Berge</u>. Dann hast du in meine Kapuze HINEINGEGUCKT und gerufen, wie lieb! : in meiner Kapuze war mein altes Gesicht (wie weggekauert) ……..

        bald wieder das Wiesengrün, mit Spargel
        Wiedehopf entzückendem Kalmus (nämlich verflog sich kl.Vogel
        in Schlafpolster,

    ……..)

einmal schreibt EvS »falle schon vom Sessel vor Müdigkeit, indes diesen Brief an dich, usw.,«
        diesen Text geschenkt an Edith S.
        am 8.Februar 2015, <u>in Erleuchtung</u>,«

8.2.15

<u>Gruszgedanke</u> :

»keinem meiner Werke liegt ein Plan zugrunde. Aber es schwebt mir etwas vor. Eine kristallisierte Sprache und eine Handvoll Träume. Möge dieser Tränen-Mond von Ljubljana Sie erleuchtet haben und ergötzt ...«

18.2.15

»die wilden Rosen Streeruwitz die Träne rollt ins Gras, damals im Krankenhausgarten als unsere Füsze sanken ins Gras erinnerst du dich du bist entschwunden in einer Flamme, erinnerst du dich verflogen dein Blick und deine Stimme Ossip Mandelstam das frommte mir ich meine der Winter neigt sich seinem Ende zu. Ist Winter's Ende sag wird mich der nächste Sommer heisz umfangen. Weh mir. Der neue Mond und Abendstern, leihst du mir dein Ohr der blasse Himmel weint der Mohn wirft seine Knospen ab (und faltest aus Papier den Aeroplan),

halb Arrack halb abends ....
bin so VERWÜSTET,
TRÄNE ROLLT,«

für Edith S.
22.2.15

»es sind die Tränen der Dinge, Vergil, das Pfaffenkraut mit rotem Käppchen in der Früh weiszt du, aus den Träumen entlassen auf den Saumpfad des Wachens in der Sonne des Gartens, weiszt du. Jetzt bin ich schon 21 Tage NICHT VOR DIE TÜR, ich hatte Phantome beim Erwachen die ich aufschreiben wollte, aber da klingelte das Telefon : zerschmetterte Vision usw., hatte PR-Beine, weiszt du. Schwalbe mit ausgebreiteten Schwingen = auf Buchdeckel, ach schwärmte nieder auf mich möchte den ganzen Tag etwa, nur schlummern an deinem Herzen, im Fenster der bleiche zitternde Tagmond aufgegangen .... nun ja im Café Jelinek haben wir uns zu JEMANDEM ZU JESUS dazugesetzt, der Himmel 1 blauer Rosenkranz am Morgen, weiszt du, an meiner rechten Wange das dichte duftende Laub eines Götterbaums, dieser süsze Schrecken diese Bouquets eine Haarsträhne etwa, ich habe einen Freund eingebüszt. Kl.Flicksachen, sagst du, ich habe gehört, sagst du, dasz dein Schritt in konfuser Laune, nachts, Karottenfarbe der Träume, meist sprechen wir über den Vorrat an Essen, sie sagte, mein Kätzchen hatte lange keinen lover gehabt, usw., damals empfing ich Briefe von Heimito v.Doderer, die Briefe waren mit der Hand geschrieben und in verschiedenen Tinten, weiszt du. Mein Leben 1 Spucknapf, sage ich, nämlich wie allgemeiner Saugnapf : JD, ach

Niedergang meiner Person : fliehende Blumen, und Basis-Schmerz, hinfällige Schleierwolken des Juni, Genet in der Vase, ich erinnere mich, ach der Sesam Flügel Gartenschminke und zierliche Luft usw., herzliche Grüsze mit vielen Rittern, und Rittersporn,«

23.2.15

B

»liebe Barbara ich beginne jetzt in deinem Garten umherzustolzieren ich meine umherzuSTELZEN, die Rehkitze der Sonne im Waldzustand dasz ich erschrak und DAHINSPRANG, kl.Flicksachen nämlich die hingeleierten Blumen ich meine was die Konzentration auf den Buchstaben B anlangt sei dir ins wächserne Ohr geflüstert (eine Synkope wenn ich an einer Stelle des Satzes einen Beistrich WIE TRÄNE setze wo er nicht hinpaszt) : nun ja als ich den »Rüdigerhof« betrat noch zitternd vor Kälte = Januarfrost, fühlte ich mich von einem jg.Menschen ach von seinen Blicken durchbohrt (vielleicht ANGEHIMMELT?) so dasz ich mich in meine Seele zurückzog, also ein Ärgernis in mir hauchte er plötzlich meinen Namen in die Luft des Lokals, usw., als ich nach einer Stunde aufzubrechen mich anschickte sah ich auf seinem Tisch einen WIRBEL von Blättern, hielt ich inne und rief, ade! und : sind Sie ein Dichter? : was er bejahte, »ja, schreibe in ital.Sprache«, und überreichte mir ein Gedicht in ital.Sprache mit einer Widmung für mich .... aber ich hatte seinen Namen vergessen, ich meine sein Name hatte mit einem B begonnen, die Farbe Gelb : ein verwelktes Mimosenbüschel. Weh mir die Prothese schnappt zu
die Baumgruppe im Garten : hinweggeweht, bin Akelei, sagst du, ich lasse mich treiben, bin ausgelöscht, bin androgyn, bin »Post der Traurigkeit«, das Weinen als Sprache. Nun ja, biszchen Dreck gehört zum poetischen Wahnsinn, fleur in der Dusche, ihre niedlichen

Brüste, Genet in der Vase ich meine die Blumenbeete im Burggarten, bin wie Pflanze angewurzelt = JD,«

28.2.15

»nun ja die verwelkten Mimosenbüschel im Fenster
wie <u>minimale</u> Trauerweide letzter Februartag 1
Körbchen mit Märzenbecher Trauer v.Kehricht vergilbter Sonne. Die Nächte quälend Union der
Früchte bei Matisse usw., Füsze im Schnee, ach
trinke von deiner UNRAST …….. auf dem Küchentisch 1 angebissener Keks, bitte keine Schneehalde mehr <u>vielmehr</u> Gesang der Amsel die den
Vorfrühling verkündet knospendes Ästchen, biszchen
Lissabon oder abpausen der Sternbilder, weh mir
auch ohne mich wird der blaue Flieder, einst
springen,«

(»du wolltest 1 <u>Frühlingsgedicht von mir</u>«)

1.3.15

»eine Zeile für Angelika Kaufmann

>dann wird dein Garten blühen die Hecken werden grünen die Landschaft deines Herzens wird in Freudentränen mit Veilchen Flieder weiszen Lilien es wird dein zarter, Frühling sein ……..«

1.3.15

»<u>Entropie</u>. Mir träumte ich hätte dir eine winzige Tüte Salz geschenkt aber ich wuszte nicht die Bedeutung des Geschenks. Später fiel mir ein es könnte sich um Tränen gehandelt haben, während 1 Zapfenstreich usw., ich meine 1 üppiger Wald in meinem Schreibkabinett zu wandern anfing : mit einzigen süszen Blumengesichtern …….. und jemand ich vermutete 1 Liebesknecht, an meiner gekrümmten Wirbelsäule herumfingerte. Indes 1 sehr jg.Mann : fremdländischer Bube welcher im Haus für Sauberkeit sorgte, mir zuflüsterte er wolle mir sein Baby zeigen. Er zog 1 iPhone hervor und aktivierte es bis 1 winziger Säugling in mehreren Positionen erschien, also öffnete ich meine Geldbörse und überreichte ihm einen gröszeren Geldschein worauf sein Gesicht leuchtete als habe er.

>Dasz 1 Spitzwegerich nämlich (bis zum Überdrusz) ach <u>verdonnerte</u> Sprache, kl. Mohnkörperchen deiner Lust, dasz ich bemitleidet würde klagte ich über Schmerzen im Fusz, usw.

die verwelkten Blütenblätter der Feuerlilie im Vorzimmer-Spiegel, nach diesem Wolkenbruch aus welchem sich insgeheim, Nelken v.Trauer.«

3.3.15

»intensive Tage mit CRAUSS (und dem GÄRTNER) vielleicht auch Astrid vielleicht kommt auch Astrid mit auf die Reise, auf dem Rückweg zur Leipziger Buchmesse …….. ach Tatiana wollte mir die Nackenhaare rasieren was ich nicht zugab, nach 9 Tagen werden wir wieder zuhause sein usw. Wenn einem 1 Name nicht einfällt musz man so lange sinnen = sinnieren, bis das ersehnte Wort der ersehnte Name, indem wir es mit dem Schmetterlingsnetz zu erhaschen suchen, sich aus dem brütenden Schweigen lost. Ich meine das Verlesen, Verhören, Feldlerche z.B., das gesuchte Wort der gesuchte Name schwebt wie 1 Spinnennetz vor unserem Auge nämlich in einem Lufthauch, in der Früh weiszt du, 1 Sprudel von Worten : eine einzige Strecke mit mehreren Wegen, Stimmen und Strophen, nicht wahr, weh mir ich frage mich, warum hattest du so lange geschwiegen, die Grüsze die ich dir sandte nie erwidert dasz ich tatsächlich in Verzweiflung, bis dann endlich, wie 1 Wunder der Knoten sich löste, du im Taxi ergriffst meine Hand und an deine Herzseite führtest,

(die Schwalbe mit den ausgebreiteten Schwingen auf dem Buchdeckel, und ich diese Position nachahmte, am Morgen, aufrecht im Bette sitzend, und mich also wie Schwalbe fühlend, und dann suchend nach Schwalbe am Himmel = am Fenster lehnend : ich meine die Fenster mit Blumensträuszen zugeschwärmt dasz man nicht erblicken konnte weder Sterne noch Mond usw.) Luigi Reitani rief an und sagte, es sei tatsächlich diese VISION in meinem Brief an ihn gewesen der ihn betrübt gemacht habe oder er wisse nicht was geschehen war .... möchte 1 Buch schreiben mit <u>lodernden Augen</u> : <u>mit geschwärzten Stellen</u>, schutzbefohlen im Mohnfeld ach den Wiesenhang empor zu dem Wäldchen welches mit seinen Ästen langte ins Tal usw.

<u>in deiner Luna, 6 Uhr früh</u>«

4.3.15

»fünf blaue Hyazinthen singend wie März-Vögelchen mit zarten Schwingen : haben sich geöffnet während niemand zuhause! flüstern im Glanz des Morgens : ob ich verstehen könne was ihre Konfession? schön schön das Firmament wölbt sich zu ihnen nieder, eine Tüte 1 Tau : eine Tüte Tränen begiesst ihre Augen, ich meine am Fenster, bebend ich habe geträumt dasz sie mich umhalsen, weiszt du wie können sie das,

da hatte sich doch tatsächlich eine Falte eingenistet an der Nasenwurzel welche bislang nicht sichtbar gewesen. Das ist Fiktion, weiszt du, versuche nicht Vergleiche mit der Wirklichkeit anzustellen, was für Chöre was für Tränen-Chöre, Liebster,

      überirdischer Georg Trakl, 1 Rundgesang : Ron-
      dell, ich möchte deine blauen //
      Augen küssen die du, sanft auf- //
      geschlagen hattest diese, Blumen //
      in den Bergen sehr intensiv und selten //
      fliege ich mit meiner blauen Seele ganz nah an deine //
      blauen Augen : ach Mond und amen, siehe wir //
      stehen still, einander tief umschlingend //

weh mir ach Herzensglocke deine bläuliche Einsamkeit, saszest unter blauer Tulpe zusammen mit Otto B., die Monde deiner Fingernägel, eine Art Reseda …….. (Robert war umgezogen in 1 kl.Waldquartier, hatte keine Eingebung wie 1 Waldquartier aussehen mochte, hatte auch keine Fotografie oder SUITE des Hauses erfahren, erkannte jedoch dasz das Haus v.einem Gärtchen umgeben in welchem eine Platane und weisze Kamelie gediehen. Eine Aufflammung = Aufforderung zur Unterbrechung des Schlafes erreichte mich durch meinen Traum hindurch und schüttelte mich, Lucian Freud malte »woman with daffodil« = »Frau mit blauem Delirium«, usw.)

                        kl.Mohnkörperchen siehe Vorhut
                         : hingegaunerte Sprache ……..

(Hans Mayer stand während der Sitzung auf und trat ans Fenster das offenstand, indes ich verstand diese Aktion als habe er Abgründe aufgerissen),«

5.3.15

»und weggekauert ich war, ganz baff, weh mir 1 Schwall, von blauen Hyazinthen, ach weil er mir SO NAHE STAND ich meine des Herzen's Wohlfahrten, spieltest das Hammerklavier schon ist der BLITZENDE Abendstern tränenvoll aufgegangen im teuren Osten .... du mein Buschen v.Thymian du Feuerwerk v.Abendblüten Impuls v.Jungwald. Also mit einer Stecknadel = mit blauem Köpfchen meine Tränen aufgefädelt denk nur : aufgefädelt : ergriffen staunend ahnend ratlos, diese, Blumen in den Bergen, der zirpende, Vorfrühling weiszt du wir könnten uns da niederlassen indes der Himmel da ich Tränen vergosz und man reichte mir Taschentuch, und Pirol. Sie KNUTSCHTE dann kippte die KUTSCHE sie sah mit aufgerissenem Auge das rasende Fahrzeug auf sich zukommen ich meine bin von Tränen geblendet, jetzt bin ich schon 30 Tage NICHT VOR DIE TÜR, da hat er mich hinaufgehievt auf den Kastenwagen über 3 Stufen und faszte mich unter den Armen und ich spürte wie schmächtig ich mich unter seinen Händen : zerkratztes Kind und würde (gigantenhaft) hochgehoben, dasz ich den Verstand VERLÖRE etc. Ich sasz nun schon an die 2 Stunden auf der Bettkante und vor mich hin starrend .... hör mal! es war 1 Veilchen-Mond das Vorschweben der Träume hier blühen die Krokusse Zwergnarzissen, die gefalteten grauen Kraniche ziehen gegen Norden (sehr ansteckend Liebe's Trikolore oder Maszliebchen's Wahn, »du bist rassistisch«, sagst du, löse mich auf, also Bewegung der Zunge des Munds der Gloriette. Während die Eltern überlegten sollten sie das Häuschen auf dem Hügel erwerben)

»du mein Räuchlein! kleiner Rauch du jg.grün du frisches Gras wie oft mein Herz durch dich genas« = Schumann-Komposition usw. (was dein Herz begehrt : was begehrt dein Herz), als sei dies alles poets' poetry«

6.3.15

»damals als wir auf den Cobenzl und ich 1 Bärtchen (hatte), weiszt du und oben auf der Terrasse im letzten Schein des Tages habe ich einen kl. Wald, war sehr umbuscht, usw., da wir im Angesichte des Gletschers, Blume an deiner Brust weh mir eine Trübsal, bin gerührt von dir, eine Locke dir das Auge verdunkelt .... ach durchs abgedunkelte Quartier süszer Duft einer Hyazinthe huscht, Duft des Thymian's und Hyazinthus, er fuhr mir mit der Hand in den Mund und prüfte so die Stabilität meines unteren Zahnprofils : es war messerscharf (des Vorschwebens des Träumens), sah im Café verstorbene MAMA, weiszt du, sah 1 Jugendbildnis des Kurt N., das Rosarium, sagst du, 1 paar Fetzchen aus den Bibliotheken gezerrt, ich meine Kaprizchen, habe lange nicht mehr gesprochen mit dir einmal sagtest du »trauriger Text traurige Strophe«, ach zarte Wildnis des Stadtparks in welchem die strömenden Büsche v. Jasmin, so Füllhorn-Sprache am frühen Morgen, der dem Spatz nachzitternde Zweig, circa mit meinem Kopf auf meinen Armen auf meinem Tisch, usw., ich wiederhole mich : bin gerührt von dir, spüre wie SCHMÄCHTIG ich in seinen Armen als er mich hochhievte in den Kastenwagen, dieses grenzenlose aber durchlöcherte Schreiben, sage ich, lebe bedrückt und angestrengt tue das Falsche aber lebe auch wie Falter / Libelle in den Tag hinein ohne die Folgen meiner Aktionen zu bedenken .... wenn der Abend niedersinkt habe ich Angst auszugehen (also gehe ich nicht mehr aus) indes ich früher mit offenem Munde, die Alpenluft einsog sobald mich die Komposition eines Finken, ich meine ins Freie lockte, eine sterbende Anemone eine gestorbene Teerose und dgl., 1 völlig verwelkter Blumenstrausz im Fenster die Leiche einer Biene, prominenter Februar. Re-cap = die Kappe wieder aufsetzen, »inbrünstig Mützchen ade«,«

8.3.15

»von Iphigenie bis Valérie inmitten des Frühlingsknotenblumen-Strauszes einige Schneeglöckchen die Stengel mit einem Faden arg geknotet ach einiges an grüner Gladiole rankte sich da ich um Mitternacht, auf Zehenspitzen, gewahr wurde der abgefallenen verwelkten Feuerlilien-Blüten im Vorzimmer. Gewahr wurde des Häuschens von einem kl.Garten umgeben in welchem eine weisze Kamelie und 1 jg.Baum wuchsen …….. 1 Tränenstrom = eine Raserei : dieses Aufflackern der Ideen während ich zu schreiben beginne, wir könnten uns dort niederlassen, sagst du, also war ich von Tränen geblendet, ach Blumen zertreten Blumen zerdrücken. Die Gespräche gestern mit dir 1 wenig KÜNSTLICH indes der leuchtende Himmel, 1 Knirschen = 1 Kirschenpärchen da die beiden Automobile schrecklich aufeinanderprallten. Er schrieb mir »1 Proëm 1 paar Eindrücke aus Afrika und eine Stachel vom Stachelschwein (Achtung! spitz!) und Nashörner in den Bergen für dich mit Tusche skizziert, eine Partitur von Hans Huyssen, quasi rezitativ senza tempo«, Allegretto. Das Täschchen, wiedergefunden, ich glaube nochmals ins Bett zurück : eine Schwindelattacke, du Lämmchen mit dem Wollkragen = mit der lockigen Mähne in der Küche 1 Kindersegen, sehr ansteckend Liebeswahn, 1 warmes Wässerchen zwischen den Beinen : einander über Kübelchen anpissend, mit kl.Blumenkränzen die Hände : Handgelenke gefesselt,

    unendliche Liebschaften,

              eben manche Kindheit in den Bergen dasz
              ich den Verstand verlöre,«

10.3.15

»weil die Natur beseelt sei, wie Steine, Pflanzen, sie gewandete sich indes als Pirol, die Zacken der Zähne zerrissen mir die Mundhöhle, weiszt du, die welken Blütenblätter einer Feuerlilie wirbelten im Schlafkabinett ich meine ROBIN was Rotkehlchen bedeutet, ich sah ihn nicht hinter den Jalousien, hörte nur wie er in Melodien strömte und gegen das Fenster rauschte : er war zu dieser Zeit 1 wenig mondsüchtig nämlich als er im 6.Stock wohnte hatte ich eine Pein dasz er nachts aus dem Fenster steige, ich sann am Morgen sann vor mich hin während 1 Frühlingsmond sich erhob ……… das Rehkitz der Sonne also dasz ich erschrak und DAHINSPRANG, ach wenige Veilchen-Wolken an den Bergen ruhten dasz der Atem mir ausblieb, »besonders die Milde der Luft kann ich dir nicht ausdrücken«, Goethe. Ich meine die Süsze des Lebens : die jg.Ärztin welche mich untersuchte war von einer Schönheit die mich entzückte : sie hatte brünettes Haar trug eine randlose Brille und ernsten Ausdruck, die Wimpern gewellt und geschwärzt (den 12.April nach Tische), im Untersuchungsraum auf einer Pritsche liegend bewunderte ich ihr Profil mit Ohrring v.Saphir an ihrem Ohrläppchen usw., solch Schäferin …….. sehe mich selber nach sehr vielen Jahren Jahrzehnten im Freien auf Holzbank ohne Lehne, kaftanbewaldet, in heimlicher Sorge = was für eine Sorge bedrückte mich damals?, du rührst mich sehr, deine Natur, 1 Höhenrausch mich verzauberte, russische Saatkrähe (schreiend) ihr wehrhafter Schnabel am geschlossenen Fenster : ihr rundes Auge wir blickten einander an, zerbrochene Blüten,

ICH GEH' VOR DIE HUNDE
BIN GERÜHRT VON DIR

DIE ROSEN UND AUEN
WIE ENDLOSE
LIEBSCHAFTEN

Goethe pflückte eine Offenbarung aus dem Garten Giusti, etc.«

13.3.15

»ich glaube des Abends, die Sonne schreitet : 1 schwarzer Schwan. Damals bei atemraubender Hitze von der Baracke aus der Blick auf den Hohen Dachstein mit Ewigem Eis bedeckt : mir rollte die Träne .... ich las in Goethe's Italienischer Reise die Ölbäume bebten im Garten v.Giusti. Weh mir die Lüfte, der Stiefmütterchen liebliche Maske etwa, stolzen Lilien, äugte Limone nämlich die Büsche des COBENZL, der Himmel erbarmte sich unser (Rufzeichen!) wir erklommen die Bühel ich erinnere mich : die tiefen Täler die Schluchten, 1 Schwarm jg.Wanderer auf uns zu, mit innigen Liedern = Violen weiszt du, ach karmesinrote Wolke der Wollust wir küszten umhalsten uns Vision v.Zärtlichkeit, es gab eine Zeile mit »Sperling/Spatz« das griff mir ans Herz es war eine Parole .... die rudernden Mücken im Apfel-Kompott wie Götter im Kosmos : im Ozean,

das Griechische zu studieren nämlich (eine Überdosis v.Einsamkeit usw.), ich gehe mit Bettchen und mehr, ach Blumen zerdrückt/zertreten, 1 recht grober Sophismus eine Chimäre (Goethe), ich meine : Trübsal, 1 Gefühl des ewigen Miszlingens. Damals die braunen Felder betrachtend welche das Haus fächerartig, umgaben etc., zart wie jg.Ästchen und sich totstellend 1 wenig, so Susanne, kl.rosa Blüten auf ihrem Gesicht, ach Lieblinge meines Herzens,

<u>1 Blättchen von einem Gemüse!</u> weh mir schon 17.März, veilchenfarbener Himmel über Chaussee usw., die vollkommen IDENTISCHEN Zehen- und Finger-Nägel, eine Art Reseda und Raserei, du hast <u>gewildert</u> in den Manuskripten von EJ. Anrufen Schmetterling! : wüste Droge,«

18.3.15

»blaszblauer Rigoletto, weh mir die Horde dieser Tränen ach wie ist mein Leib mir wüst und fremd die Knochen sind 1 Scherbenhaufen ich küsse dich 1 letztes Mal, ich verletzte meinen Finger : mich in den Finger schnitt oder die Hand : es waren nämlich diese Klatschrosen 1 Wanderstrausz in einem Traum, »viel sind in Deutschland« (Hölderlin) .... war's mir als wollte ich die MUSIKEN buchstabieren, indes, es Skabiosen regnete, langsamen Gewissens habe mich festgekrallt im Kopf des Freundes. Ach abgeholzter blonder Wald, es ist unglaublich blushing der Hagebutten die Büschelohren eines Luchses

bildschönes Sentiment, weiszt du, ach die Jungs .... in einem Provinzbahnhof wo der Zug kurz hält, steht TOLLE ÄRZTIN in Dirndlkleid und winkt mir, habe gedacht dasz sie als Foto mir erscheint nämlich unsterblich in einem Eckchen, etc., während Waldsaum schmiegt sich um ihren Hals es nimmt mich wunder, in höchster Erregung endet »GLAS« auf Seite 289 mit dem Wörtchen »von«,

Allegretto : das Täschchen wiedergefunden : es lag auf dem Autodach, ich glaube eine Schwindelattacke : nochmals ins Bett zurück. 1 Waldvögelchen ohnegleichen! gingen Hand in Hand und im Stadtpark blühte der Flieder (»le kitsch«), etwas Vogelartiges, sagt sie, schreiben Sie etwas Vignettenhaftes, sagt sie, lauter kl.Honeggers zum Beispiel, beschreiben Sie, das Hinterteil eines Flaneurs, usw.«

22.3.15

»es weint es weint ans Fenster : biszchen glorios, mit einer Aphasie (und alias Torberg) ins Kaiser-Franz-Josef-Spital, vergisz mein nicht 1 Müll in meinem Schädel sehr brisant, kluges Flüszchen warmblütiger DARLING, dolmenreiche Aphasie, in der Gesäszfalte : 1 Strausz Vergiszmeinnicht, Fuchsien vor der Tür, »im Zustand der Aphasie Gefühlswelt wulstig und drall wie Malerei von BOTERO, weiszt du«, die Horde dieser Tränen, »ich bin in Feuer und Flammen und wüte den ganzen Tag in süszen fabelhaften Tönen«, so Robert Schumann in einem Brief am 12. Dezember 1830 an Clara. Ach schwebt Fliege vorüber = an kl.Fallschirm und in der Früh, ganz rot, weint 1 biszchen, fremdelt, ich halte mich am kalten Metallgriff fest, der Morgen orangefarben. Piktogramm einer zierlichen kl.Schere, sagst du, »it's a man's world« (auf einem Zettelchen stand das Wort »HORDE«, das ist 1 zauberhaftes Wort/Fetzchen v.Herz/ich sasz im Jelinek es ging mir nicht aus dem Kopf, ich verbisz mich in es, ich meine in seine Kombination »die Horde. dieser Tränen, etc.«, das ist 1 DING das ist unglaublich das ist eine Glorie das kommt von oben das nimmt mich wunder) .... oh deine Augenbraue dies Pelzchen über dem Auge, welches die Tropfen nachts aus deinen Haaren aufsaugt, dies braune Pelzchen das das Auge schützt (aus dem die Träne quillt). Was spricht deine Lippe wenn wir durch den Garten wandeln, das jg.Moos und neuen Ästchen sodann DER HELIOS .... »bist sehr fragil« nämlich, Bäume in ihrem Schwirren, der Lockruf oder Lockenkopf des Zubettgehen's scheitelt sich in 1 kurzes Schlummern, in Kleidern, ohne sich zuzudecken einerseits, und in den tiefen Schlaf bis zum Morgen andererseits welcher ergötzt : aber nur selten uns geschenkt. Das wuchtet ach der After wuchtet, dies Spitzenhöschen namentlich Windel eigentlich Unterleibswimpel : sehr reizend damenhaft,

      Honegger's rot' Köpfchen und Hagebutte und falte die Hände, für diese OKKASION extra geschrieben. Extrem verbisz ich mich, in Nachtkehlchen,«

27.3.15

»die exaltierten Pfeiler des plötzlichen Regenbogens eines Abends in meiner (rosa) Brust du Tännchen du Tann du lechzender Helios = Schwäne v.Frühling. Dieses im Walde weiszt du, konnte auch nicht mehr essen diese Affäre mit Germanwings, VERHÖKERST mich an irgendwelche, Freunde ..... ich seh es vor mir : als ich MAMA besucht hatte damals im Krankenhaus und ins Gras in den Krankenhaus-Rasen nämlich die Schuhe, ausgezogen = heiszer Nachmittag also barfusz im Rasen des Vorplatzes des

Krankenhauses weh mir die Tränen, umhergetrippelt im Rasen, 1 Plagiat vermutlich. Auf dem Vorplatz des Krankenhauses zog ich die Schuhe aus, glühender Sommertag,

dich insgeheim angehimmelt, nach dem Wolkenbruch,

                                        pustend v.Sommer,

                                                    .... «

29.3.15

»befreundet mit ersten Veilchen nämlich
in der Wiese die Leberblümchen damals
den Hang hinauf die bläulichen Rosen ich
kann es sehen der bläuliche Hang bläuliche
Wiese zum Kahlenberg nämlich an einem
ersten Frühlingstag der bläuliche Hang
(befreundet mit ersten Veilchen) mit Vater
Mutter den Hang empor ach schmerzlicher
Himmel vielleicht erster Falter ich kann es
sehen mit Vater Mutter wie jung ich gewesen bin der bläuliche Himmel die Frühlings-Träne, weh mir Vater Mutter gestorben die erste Schwalbe tiefvioletter Morgen

Majoran im Himmel lichtblaue Luft weiszt du deine Tränen und Küsse idyllisch den Hang hinauf Vater mich KNIPSTE und Kahlenberg zyklische Stücke so elendszart = Czernin, habe einen Brief an Max Ernst, geschrieben, »zerfliesze mein Herz« Halsband der Taube »wenn du länger beim Einkauf brauchst werde ich unruhig vielleicht ein Waldunglück, usw.«, brütendes Kopfkissen Ästchen v. Palmzweig bläuliches Palmkätzchen bläulich des Nachts, aufgeschlagen das Auge 5 Uhr früh blasser Wedel v. Wasser ....

(es nimmt mich wunder. Dein Veilchengesicht. Tiefviolette Wiese. Bin Solitär. Der Mond als Vignette.) Liesz die besten Weine auffahren um meinen liebsten Freund zu*.«

*Leseversion : zu erfreuen

1.4.15

.

»weh mir die Schwingen der Wehmut, durch den Traum hindurch spürte ich die Wirklichkeit einer Herzbeklemmung, Couvert mit Fensterchen sende dir das Porträt des Carlo Gesualdo (1566-1613), der dir ähnlich sieht, 1 gefühltes Durcheinander, der Kopf des Komponisten war im Heu versteckt, damals an jenem Morgen sah ich 2 schwarze Vögel in den Himmel aufsteigen : ich war 1 freak und lockte sie in die Herzkammer aber sie blieben fern …….. Rosenbüschel und Fuchsien vor der Tür also würde ich mich wieder verzetteln wie jeden Morgen, zum
Teufel mit der erhitzten Sprache in den Tiefen der Alpen, die jg.Ästchen die jg.Vögelchen im Tränenstrom usw., …….. man behandelt mich wie 1 Kind man verbietet mir den Mund, eine Narbe auf dem kl.Finger der linken Hand von vor 4 Jahren, Riemen an meinen Opanken gerissen, Sophie trägt Nasenring in der Form eines vergoldeten Fächers liebe Erheiterung Nostalgie frischer Schnee im April, Sehnsucht nach Fusznote oder Kreuzchen (+) : habe ich 1 Gedicht fertiggeschrieben, denke ich über es lange nach so dasz ich es <u>verändere</u> : <u>ergänze</u> also wird es 1 anderes Gedicht : in Leseversion oder mit Fusznote und Kreuzchen. <u>Ach diffus in der Tram</u>, usw. Als ich im Tau : im Taxi : klingelte mein Handy = Kleopatra, als ich die Eisblumen im Glas, schwarze moustache auf dem Küchenboden,

im Waldregen : lehnte mich an dich denn ich fühlte mich 1 wenig schwebend, 1 Schritt auf deine Brust zu, ich meine du fingst mich auf während die feinen Lüftchen die Wipfel rührten (in Puchberg), ich meine dieses Sinken an deine Brust,

<u>vielleicht 1 Pollen-Paradies weiszt du</u>,«

6.4.15

»das Pelzchen über deinem Aug : die schöne Braue, vielleicht, Himmelsbraue wenn die dunkle Wolke über dem Aug des Sees. Die Himmelschlüsselchen nämlich 1 gelbes Büschel Himmelschlüssel = den Himmel aufzuschlieszen zu -schlitzen! aus welchem der Gesang der VIOLETS vernehmbar …….. gelbe Karottenschönheit : medizinisch Carotis über blauen Bergen gefiedertes Gewölk : dein Haar : stöszt oder sinkt in die Tiefe des Firmaments : 1 Tränenstrom – ist jetzt das Wort verschwunden und war doch leuchtend : war zugegen als Aufschrei Jubelschrei ach der Seele Liebesakt, Liebster,

Ethno-Plunder,

Giuseppe Sinopoli da er gestorben, damals, wir gingen an seinem Garten vorüber, die Beweinung seines Fuszes in einer Barke v. Venedig ich erinnere mich Beweinung deines Fuszes : die Glockenblumen

die den Wahnwitz einläutenden
dasz ich dich umschlungen halte,
indes ich dich umschlungen halte,
»im Schosz des Berges« (Bernadette Haller),
»Donner im Haar«, Lampionblume, wie sieht der Wind (aus)?

es fliederte aber,«

9.4.15

»in meinem linken Ohr : 1 Vöglein klagt. Auf
einem Foto, damals in D. im Innenhof des
Lehmvierkanters ich war 1 jg.Kind ich sasz,
als sei's 1 Spielzeug, auf Vaters Motorrad und
neben mir geliebte Groszmutter. Vielleicht im
Jahre 27 ach der Kuckuck schrie, wie viele Male
ich konnte noch nicht zählen, die Ewigkeit des Fliederbaums, ich
meine blau erblüht,«

16.4.15

»liebe Sabine Groschup, es schwebt dir etwas
vor : 1 Blume sich entfaltend, v. Louis-René
des Forêts, Blätter und Wind, seufzende Worte,
Brise des Frühlings, dies mich rührend, das
Tännchen, Augenröslein's Profil usw.: die
äuszere Welt musz innere Welt werden = das Empfundene.
Die innere Welt musz wieder äuszere Welt werden = das Gedicht.«

22.4.15

»weh mir der giftige Himmel ach die Madonna in der Telefonzelle, »ich diktiere jetzt von der Ottomane her«, so Fredy K., »da geht es mir besser« (aus seinem Büro), meine linke Hand war Krügelchen wie ich da lag im Eichenholz, diese UNFABEL will ich dir erzählen, sage ich, der vor 2 Jahren gepflanzte Fliederbaum im erhitzten Rasen welcher heuer zum 1.x GRÜNT läszt auf sein Blütenwunder warten also wird 1 zweiter Fliederbaum eingezwängt, zwischen Telefonzelle und Gartenzaun gepflanzt zu werden in einer Vision von Blatt und Blütenrausch, in einer solchen Brise, des April (zartes Volumen!) ich meine 1 Begehren der Schönheit usw., noch 1 bisczhen v.Schnee Anfang Mai, weiszt du, nah am Auge und Hauch des Gartens, spatzen(d), nämlich in der Kindheit : spazierend, es war 1 Alarm weil der Abendstern funkelte um Mitternacht, sprang ich ans Fenster und hörte die Krähe klagen, ach Sarah's Blick, diese himmelblauen eng beieinander stehenden Augen (was eine Betäubung) .... entfesseltes Laubwerk, kl.Mohn hinflatterndes Körperchen, Lucian Freud malte »woman with a daffodil« = Frau mit blauem Delirium, Goethe pflückte einen Zypressen-Zweig aus dem Garten v.Giusti, als ich dich besuchte erinnertest du mich an SCHWALBE ....

Backe der Amsel. Schnee auf Kaktus. Eine blaukarierte Schürze mit groszen Taschen in welchen rotgeweinte Fäuste (stecken),

> ach eine Okkasion! (beim hingerissenen Tanze (GG) berührt er Ute's Mittelfinger),«

22.4.15

»in der Mundhöhle, Skrjabin aufgelegt, allegretto im Vorzimmer 1 Element oder Elend v.verwelkten Fliederbüschen (Arkadien : 1 Äpfelchen im dichten Laub, ich meine dasz du sagtest es sei vergleichbar mit der Ersteigung eines Mt.Blanc wenn man sich MARTERT = QUÄLT mit der Entleerung/Entleibung, Herz der Ewigkeiten …….. die Ekstase der Hollerblüten der Duft der Nachtviolen das Plastikwindrad dreht sich in den Vergiszmeinnichtbeeten der blaue Rittersporn, der Morgen entführte mich in die sanftesten Träume dasz ich im Traum weinte, sie trug einen Handtuch-Turban (die Wahrheit der Trauer)), mit Kirschblüten die unendlichen Texte nach Bildern von Antoni Tàpies …….. weh mir habe 7 kl.Sonnen gesehen nämlich die 7 gelben Tulpen die Sonnenblumen die 7 Monde und Sterne weil 7 ist eine hl.Zahl, 7 Regenbogen und 7 Tropfen aus deinem Auge, 7 Tautropfen in deinem Garten, am Morgen, weh mir, 7 Träume und 7 Gräslein 7 Vöglein und 7 Wolkenkratzer des Le Corbusier, weh mir 7 Schalen des Zorns, »Gott hat die Welt in 10 Worten erschaffen«, Waldfetzchen = Ballerina des Fliederstämmchens, in den 7 Drangsalen mögen dir 14 Schutzengel und 14 Nothelfer beistehen weh mir 1 grünes Blatt v.Frühling. Antoni Tàpies die Leibesfrucht das rote Kissen auf dem Ochsenblut 1 @-Zeichen als BAZAR …….. in Sand geritzt 1 Augenpaar weh mir 1 Tränenregen : 7 Fäden von Tränen, »ich glaube das Leben findet immer seinen Weg wie 1 Flusz«, so Antoni Tàpies, »unsere Leben sind wie Flüsse sie führen uns ans Meer«. Bettchen aus Quadersteinen Kopfkissen aus weiszem Windelzeug, damals in Sevilla klebte mir die Zunge am Gaumen, so durstig meine spanische Seele, usw., <u>mein Räuchlein = kl.Rauch</u> in einem Kübel meine Winterstiefel

herbei-seligen 1.Schwalbe, an Frettchen schreiben, fiedelte Tiefsinn. Oh dasz ich den Verstand verlöre ……..«

1.5.15

»»wie bin ich aufgespannt barfusz im Wald den Waldweg hinuntergelaufen damals in D.« Zu Antoni Tàpies' »Materie in Fuszform«, 1965, Mischtechnik auf Leinwand 130 × 162 cm :

schmusend wie Heckenrosen habe gesponnen, durchs Blut der Erdbeeren mit ockerfarbenem Fusze streifend : fuchsend : schwärmend (es war das Blut der Erdbeeren das meinen Fusz färbte), habe dich in Barcelona kennengelernt, sage ich zu Antoni Tàpies, wir spazierten die avenue entlang und besuchten ein spanisches Restaurant usw., Scheinfüsze, fuszlos über den Boden, ich : Schemel unter deinem Fusz, fuszlos und Tulpenraserei, die Genetik der Silben. Ein Grosteil des Bildes, so Antoni Tàpies, sei in einem Rausch oder RUTSCH entstanden, nun ja hattest Ringlein über grosze Zehe gestreift, irgend etwas von Nähmaschine, Spindel, Haspel, Druckknopf, flügelnder Notenkopf = nämlich Hissen einer Empfindung, also mit Fähnchen geputzt vermutlich Vorderteil eines Tritons (Trittrollers). Am unteren Rand des Fuszes : winzige Person in Paddelboot, vielleicht weinende Snoopy-Figurine etc., Fetisch Fusz, abstrakte Ornamente! ach mit Dornen, Nadel-Erscheinungen, Adonisröslein dein Vorfusz, fliegende Münzen, Medaillen, Rädchen, silberner Stift durchdringt deinen linken Fuszknöchel. Wie von Altdorfer düstere Landschaft am rechten Bildrand, Impuls der Entfesselung usw., ausgerissene Haare ringeln um linken Fuszknöchel, Narben und Risse gleich Wolkenschlieren........ oh deformierte Signale! steigt Fusz ins Gewässer? klobiger Fusz mit 6 Zehen, Firnis von Eiter, Fusz-Zeug

8.5.15

und Schädel, Schwarte des Herzens. Damals in den Sechzigerjahren Max Bense liebkoste er ihren Fusz, indes, er sie endlich aufs Sofa gebettet (ach unser Leben es höret nimmer nimmer auf) – <u>Pathos</u> am Fenster kl.russische Gieszkanne mit abgetrenntem Kopf dicker tiefroter Tomate <u>zu Füszen</u> …….. wer hat meine Träume angestiftet?«

>>weh mir : alle Rosen-Schreie, die Vision : das Geäst im weiszen Bett (oder Blust), noch 1 biszchen v.Schnee, Anfang Mai usw. nämlich <u>entwischend</u> das Wallen der Rede ach ich entwischte, triefenden Herzens, weisz nicht wo ich mich befinde, aber ich höre deine Stimme weine zum Helios : <u>Horde der Blumen</u> Horde v.Heckenrosen im hauchenden Garten, spatzend : spazierend

bullshit, klagender Kirschblüten-Baum, ach verrückt nach Schreiben

....

<u>wo soll ich fliehen hin</u>? Bach-Werke-Verzeichnis 5 = Kantate, »vienna girl« schreibt EJ, die Lyra auf dem Gartentisch, Fuszzeug und Schädel, fuszlos Terzinen fuszlos Tulpenraserei, verwelkte Pfingstrose im Glas, <u>mit lauter Wiese</u> bemalte Vase, Keramikvase, mit spitzem Mäulchen : Knospen-Mäulchen, weiszt du als wolle es pfeifen oder was, lichtgrüne (voluminöse) Birne in Schüsselchen wie damals, im Garten von D. usw. Spiele Skrjabin = Klavier solo. Gedicht für ungeheure Augen wenn ich die Heckenrose berühre, ach in der buschigen,

1 pattern, oh Jesulein weh mir, habe Angst dasz du Wadenkrampf beim Schwimmen im See (Attersee) ich meine am Hang die Rosen da wir den Hang hinauf : da wir den Rosenhang (»le kitsch«), den glitzernden See im Rücken, ich weinte bis der See, überschwappte, weinte den Attersee voll, weh mir das Jesulein im See, saszest dann unter der Lärche, indes. Ich meine das Schnupftuch aus der Hosentasche zu Boden fiel, nämlich ins zarte Gras (unter uns Zungen = Schmatz, im tiefen Klee = Czernin)

als ob jemand schriee. Vom Wasser her John Dowland, weiszt du, Zaunkönig Elke, Erb, eines Fischlein's, grünes Fischlein färbt

Bettlaken grün, weil ich dichtete Heidelbeer', ach beisze deinen Schatten oder ich beisze in deinen schönen Schatten, bist Salbei bist Mondschein oben auf dem Hang. Was für 1 Liebreiz dasz JD's Buch endete mitten im Satz,
<u>mieze oder puppe</u>, hatte 1 × nettes Dekolleté gehabt,«

11.5.15

»radikal das blühende Kind, die Blumenranken dasz nämlich die Gebüsche v.Kreppapier (nach Marcell Feldberg), heute die 1.Schwalben gesichtet diese Feen der Lüfte dasz mir die Träne kollerte usw., die grau-grünen Hügel der Stadt, violetter Himmel ….. seit mir das Gehen Mühe macht träume ich immer öfter vom raschen Ausschreiten und Laufen indes Rotkehlchen und Buchfinken mich umschwärmen, in einem jüngsten Traum sah ich einen goldenen Turm zu welchem eine Menschenmenge strebte, 1 Schmerz im rechten Ohr strengte mich an und ich bettete es in ein Kissen. Ach dasz sogleich nach dem Erwachen eine innere Stille mich umfing als durchschritt' ich einen duftenden Wald dasz ich lauschte meinen Atemzügen wie glücklich ich war! Ebenfalls ebenso sogleich nach dem Erwachen denke ich an dich und frage mich ob der neue Tag uns zusammenführen wird, 1 Gebüsch um meine Mitte war die Liebe indes Muttermal an deinem Nacken, (der Kran vor dem Fenster, darüber eine weisze Wolke), allenfalls Hamsterrad der Tage Wochen Monate Jahre, überreichte er mir 1 grünes Blatt welches ich in 1 Glas Wasser : getaucht, welches sich zusehends neigte, nämlich Salvador Dalí's weiche Uhren, schallend Wacholderhain, Schwäne v.Frühling, dieses im Walde lechzende Element, du Tännchen du Trauer du Helios, die beiden Pfeiler des plötzlichen Regenbogens in meiner (rosa) Brust, weiszt du, so sehr ich morgens ins Schwindlige, gottbefohlen die Schwelgereien exaltiertes Abendrot, usw., meine
Seele ist aus Wellen gemacht, Jesus Maria die Wolken als Memento-Stücke = Wellen der Traun, aus welchen sich insgeheim angehimmelte Nelken v.Trauer, ach : Vorfreude dich zu sehen ……..«

12.5.15

»Zikade hernieder schwebt weh mir die blutsverwandten Gestirne, wann 1.Kirschen? fragst du dein kirschroter Mund die Kirschenpärchen ans Ohr gehängt <u>baumelnd und Traum</u> : Kirschbaum umarmt geschüttelt <u>Donauwellen</u> weiszt du, Mai-Regen, die beiden Schwestern zu Besuch, Garten in Tränen (<u>Kleist</u>), »in stark wechselnder Laune«. Die Musik oder Moses aus dem Kasten = Skrjabin .... primroses. Engel der Völker gekrümmt,
           als wir Mia
           Williams begruben :
die in Scharlach gekleidete, fiel mein Blick auf Grabstein vis-à-vis auf welchem stand
           <u>Lenau</u>
dasz ich die Wörter neu erfinde, das Flämmchen <u>Heiligenblut</u> wie das blutet, habe winziges Insekt verschluckt. 3 schimmernde Zitronen aneinandergeschmiegt auf dem Fensterbrett, Monduntergang dann ins Café Jelinek.
Knutschte auch kippte von Tränen geblendet, <u>jetzt bin ich schon 5 Tage nicht vor die Tür,</u>«

13.5.15

»weh mir hast geschrieben auf kl.Schiefertafel »komm komm!« die Aubergine in den Lüften da der Kellner mit dem Tablett über die Nebenstrasze flitzte, zum Hotelgärtchen wo die Gäste Platz genommen (die Aubergine in den Lüften) da der Vollmond über dem Flüszchen, ich meine, schmolz usw., dessen Wellen. Lebhafteste Träume, sie besasz 1 kl.Gemälde v.Dufy, fleur in der Dusche, sie trug keinen BH, die Blumenbeete im Burggarten buchstabierten Sappho-Verse. Habe den Kontakt mit mir abgebrochen, lasse mich treiben, beginne jetzt in deinem Garten umherzustelzen, unser ganzes Funkeln!

>bin unbändig. Lauter Schwalben seh ich in deinen Augen, Schwertlein das mein Herz. ... (»le kitsch«), nicht vergessen Bach für Klavier v.Busoni, wie schön : wie milchfarben der Himmel an diesem Morgen, da wir mit Harry sprachen über die Sensation im Café Mozart, damals, da es blitzte in deinem Auge, nur wir beide konnten es ablesen von deinem Auge, ach stockte mir der Atem = kl.Ekstase usw.,

Franz Kafkas »Gesprächsblätter« 1924, Skrjabin in einer Sonate zärtlich vergiftet oder mit versteckter Süsze, der Porzellanhimmel zerbrochen, weh mir meine Gebrechen, weiland vermutlich neue noch nie gesehene Büsche und Horizonte, als ich klein war gab es diesen Porzellanhund auf Vater's Schreibtisch, aber fehlte ihm eine Pfote also so dasz ich fürchtete man habe mich verdächtigt, die Pfote des Hundes abgebrochen zu haben, indes der Besenstiel war entzwei gebrochen,

>für's Leuchten, Lenchen, wohlgemerkt,
>ANZUSCHIFFEND
>Horde v.Blumen, das Tännchen, »es zerrisz
>mir das Herz«. Das ist Fiktion, versuche nicht,
>Vergleiche mit der Realität anzustellen,«

17.5.15

»»wo soll ich fliehen hin« Kantate BWV 5
... umwallt v.Toten bin ich, selber tot. Beinahe. Statt Buchstaben Blütenblätter weh mir, wir spielten einen Schumann zu 4 Händen, ich erinnere mich, am folgenden Tag ich meine es war eine finstere Episode = ich hatte den ganzen Abend gewartet auf dich aber du bist nicht gekommen ich trug 1 lila Kleid und warf mich weinend aufs Bett usw. Ich meine es schwebte mir etwas vor, weiszt du, blieb aber : ach blieb eine Ahnung, damals mein Selbst
entdeckte die blaue Blume auf dem Wiesengrund, lieber Freund, zerknüllte die Sonne. Die Glocken Glockenblumen, jetzt haben sie vor meinem Fenster einen riesigen Kran aufgestellt, stoszen das Zeug direkt in den Himmel, ich erinnere mich, damals liebte ich ihn weil er melancholisch war, er liesz sich in den Lehnsessel fallen und sagte, erzähl mir was, aber ich wuszte nichts zu erzählen. Ach die Blüten im Hof die zarten Ästchen .... wie bin ich erloschen und ich herumirre es überkommt mich 1 Trübsinn, hat mir von dir geträumt das Licht an diesem Abend so durchsichtig dasz es war wie 1 Wahn oder Mondschein, und gehe umher mit meiner Backe in meiner Hand, am Morgen fein verhärmt der schmächtige Stengel der Heidelbeere indes ich die Heidelbeere in den offenen Mund, ich meine fast wie Schnee solch glitzernder Maitag. Schwertlilien's Schwertlein welches mir das Herz durchbohrt (»le kitsch« usw.),
es ist dasz die Farne (= Mutter's Lieblingsblumen) im Wind wehten, ich habe dieses Wehen der Farne gesehen, nur 1 paar Sekunden lang. Muszte mich festhalten dasz das Wehen nicht auf

mich überging, mich zur Strecke brachte,

wer ins Salzkammergut zu gelangen wünscht, musz an den Seen vorüberrauschen, weiszt du, an den in den Seen sich spiegelnden Häuptern der Berge, musz mit den Schwalben hinflitzen, mit den weinenden Schatten der Weidetiere, den Gesängen der Wolken, der lodernden Poesie ……..

gerougeten Sinnes. Damals von der Via Contessa Matilde aus erblickten wir den Schiefen Turm v.Pisa,«

25.5.15

»Sascha der Sonne couragiertes Träumen kl.Vogel verflog sich in Kalmus (= Schreibwerkstatt) fand nicht ins Freie, ach der Tau ergreift uns wie das Wasser das in klaren Fluten dahinströmt .... so 'n Ding! wie Atmen geht Glühbirne aus und an, was für 1 Elend dasz du dahin, weh mir, wo du seiest, weisz nicht wo du seist irgend an einem Meere aber die Blütenmeere um dein Herze sprieszend, weine weil du dahingefahren so weit so fortgezogen zu strudelndem Gewässer, habe komponiert nachts, weiszt du, Zungenblüte und Arnika, die Sittiche anzuschnallen, der Polster, als ich aufwachte, glühte.

Gern würde ich mit dir durch die Felder streifen, 1 mal schrieb ich dir vom Balkon des Hotelzimmers dasz die Abendwolken mich an den Perückenkopf des Komponisten erinnerten, indes die Auffahrt der Vergiszmeinnicht usw.

Nun ja das mit der Briefwaage : ich hatte nie damit umgehen können also klebe ich eine Unmenge v.Briefmarken auf das Couvert,

= die Form deines Mundes, weh mir, weil ich verrückt bin, das Ende des Buches sollte mitten
im Satz

bis 31.5.15

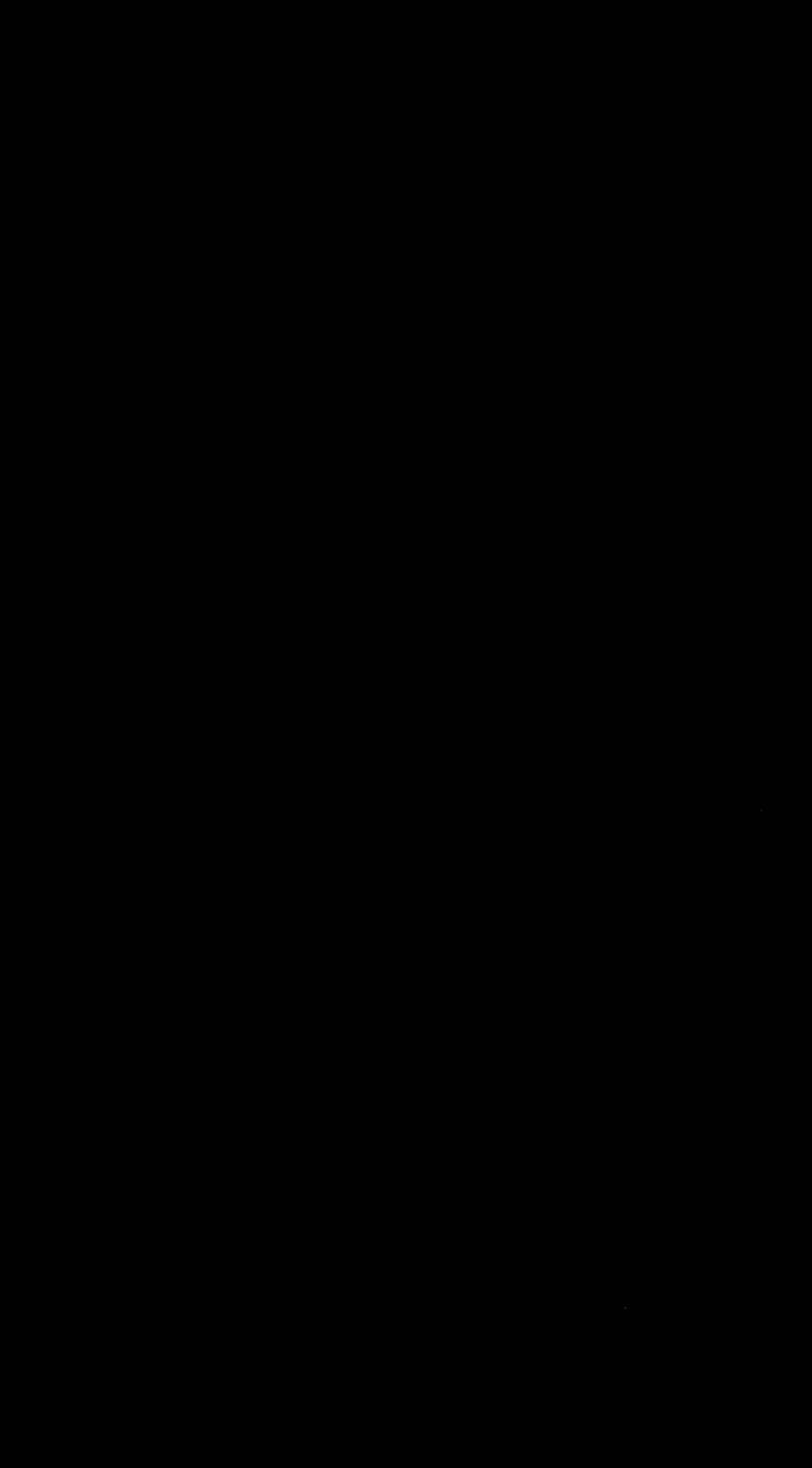